DOCTRINES

DES

SOCIÉTÉS SECRÈTES

OU

ÉPREUVES, RÉGIMES, ESPRIT, INSTRUCTIONS, MŒURS DES INITIÉS AUX DIFFÉRENTS GRADES DES MYSTÈRES D'ISIS, DE MITHRA, DES CHEVALIERS DU TEMPLE, DES CARBONARI ET DES FRANCS-MAÇONS.

PAR HENRI DELAAGE

1852

« L'initiation aux mystères est une école de prophétie qui renferme tout l'essentiel et tout l'esprit de la religion dont ceux qui ne sont pas initiés ne voient que l'écorce. »
LAFFITEAU, Jésuite.

Copyright © 2022 by Culturea
Édition : Culturea 34980 (Hérault)
Impression : BOD - In de Tarpen 42, Norderstedt (Allemagne)
ISBN : 9782382749814
Dépôt légal : août 2022
Tous droits réservés pour tous pays

NÉCESSITÉ DE DÉVOILER
LES VÉRITÉS CACHÉES DE L'INITIATION

> Ces vérités que nous proclamons au milieu du conflit des intérêts et en présence de l'incroyance, nous les aurions proclamées avec joie sous la dent des bêtes du cirque et au milieu des flammes du bûcher.

Dévoiler à un peuple enfant les vérités primordiales du monde avant que la main providentielle de la Religion l'ait jeté dans le creuset du culte pour s'y dépouiller sous l'influence bienfaisante de la civilisation des scories de l'état sauvage, c'est commettre un horrible forfait, c'est le crime que la tradition antique nous montre puni en la personne du prophète Prométhée cloué vivant à un rocher, la poitrine ouverte et le cœur saignant sous le bec furieux d'un vautour acharné sur cette proie immortelle. Les vents du ciel emportèrent par le monde les soupirs du martyr ; la mer, cette grande désolée redit à tous ses rivages l'écho plaintif de ses gémissements ; mais les dieux furent insensibles à cette immense douleur de la nature, et durant les longues heures des siècles tombant une à une dans l'éternité, livré aux tortures d'une agonie éternelle, l'imprudent qui avait commis le noble crime de trop aimer l'humanité tacha de son sang le rocher du Caucase. Mais quand un peuple, après avoir parcouru les différentes phases de la civilisation, se trouve en présence de la barbarie, cette mort qui frappe les nations caduques ; quand les symptômes de la décadence, qui sont l'indifférence en matière de religion, la vénalité en amour, la passion immodérée des honneurs, la fièvre de l'agiotage, apparaissent visiblement dans les mœurs d'une société qui, déchirée par ses propres mains, se tord de douleur sur son lit de mort, ils sont bienvenus les pas de l'homme messager de la vérité, qui porte en ses mains bénies le flambeau divin de la tradition dont le feu sacré éclaire l'intelligence, enflamme le cœur et rend au sang stagnant dans les veines flétries la jeunesse, le mouvement et la vie.

Homme de tradition, nous nous rattachons par toutes les fibres du cœur aux sublimes institutions du christianisme contre lesquelles protesta la réforme, que railla la philosophie qui ne se doutait pas, dans son ambitieuse ignorance, qu'émanciper un peuple de sang catholique, c'est tout simplement le délivrer de cette providence visible qui prenant l'enfant dès le berceau, de sa main divine guidait ses pas dans la voie lumineuse de la vérité, de la beauté et du bonheur, pour ne le quitter qu'après avoir rendu son corps à la terre et son âme à Dieu.

Homme de croyance, nous vivons du même cœur que la femme, cet être charmant dont l'organisme, doué d'une exquise délicatesse et d'une merveilleuse sensitivité, aspire par tous ses pores le souffle divin de la grâce qui fait vivre l'âme en y mettant un dieu ; la littérature, l'art et la poésie en ce siècle ont consacré leurs plus belles inspirations à cette douce et frêle créature ; les écrivains ont vanté la beauté de ses traits, la noblesse de ses formes, la tendresse onctueuse de son regard, la petitesse de son pied, l'aristocratique élégance de ses doigts effilés, enfin la puissance attractive et charmeresse de son sourire, gracieuse distension des lèvres qui entrouvre doucement sa bouche pour laisser briller dans leur écrin de pourpre les perles de ses dents ; mais nul tressaillement électrique de leur âme ne leur apprit que ce charme idéal et sans pareil qui auréole, pour ainsi dire, tout cet être d'une atmosphère d'enivrante ivresse, venait de ce que l'Esprit-Saint, chassé du cœur des hommes par le scepticisme, l'ambition et l'amour des richesses, s'était réfugié en elle, et qu'en conséquence, la grâce de Dieu l'éclairait de ses divines clartés : voilà pourquoi la femme est restée attachée au culte de ses ancêtres et agenouillée au pied des saints autels. Jadis quand les disciples reniaient pour leur maître Jésus couvert de sang, de boue et de crachats, les femmes ne l'abandonnèrent pas, car l'amour de Dieu, chassé du cœur des hommes par celui de l'argent ou le respect humain, reste toujours dans l'âme de la femme, qui, destinée à beaucoup souffrir en raison de sa délicate sensibilité, a besoin comme consolation de beaucoup aimer.

Aussi, sans nous arrêter à la chair blanche, douce, satinée de leur poitrine, nous pénétrerons jusqu'à leur cœur, lyre intérieure dont les cordes vibrent mélodieusement sous le souffle croyant d'une parole chrétienne.

La lumière de Dieu ayant abandonné les hommes de ce siècle, leur front sombre, leur visage informe, leurs traits relief d'aucun sentiment élevé, leur être disgracieux, obèse et laid annonce aux physionomistes que chez eux l'intelligence et le cœur sont dominés par l'estomac : aussi, race caduque et dégénérée, en chassant Dieu de leur cœur ils ont chassé de leurs membres la grâce qui les rendait beaux, aimables, attrayants ; et déjà à l'état d'amoureuse charité où l'homme est un frère pour l'homme, succède insensiblement l'état de barbarie où l'homme est un tigre pour l'homme. L'Évangile est devenu un étendard de parti : les uns, arrachant les dogmes aux sanctuaires et prêtant à Dieu leurs instincts égoïstes, font de Jésus-Christ le garde-champêtre de leur propriété ; tandis que d'autres, plus ardents, plus convaincus, mais aussi dangereux, coiffent son auguste front d'un bonnet rouge, arment sa main d'une pique, puis, en faisant un Spartacus de rébellion, ils le représentent montrant du doigt à la foule de pauvres, d'esclaves, de mourants de faim qui le suivent, le monde de la richesse, de la propriété, et lui disant : « Vends ta blouse et achète une épée ! »

Quand les philosophes à cervelle légère eurent frappé au cœur les institutions religieuses avec l'arme du ridicule, un bruit sourd se fit entendre, et bientôt parut la révolution de 93, large torrent de sang qui traversa la France en tout sens, roulant dans ses eaux furieuses des têtes mutilées, des sceptres brisés, des croix arrachées. Aujourd'hui si l'horizon est moins chargé de menace, c'est que les prêtres ont conservé pieusement la tradition qui est la sève de l'arbre du catholicisme, et qu'en appuyant la main sur le cœur du peuple, on reconnaît à ses nobles battements que le sang chrétien coule encore dans ses veines : sans cela, malgré les organisations armées de la peur, il y a déjà longtemps qu'il aurait brisé la tête des agioteurs contre le pavé des rues.

En parcourant les annales des peuples, nous trouvons les hommes qui ont porté en leur cœur, comme en une urne d'or, une croyance religieuse, enchaînés, battus de verges, décapités, brûlés, écartelés par la tyrannie jalouse d'étendre sa sacrilège domination sur la région sacrée de l'âme ; nous voyons la vérité effleurée par des esprits superficiels, niée par une niaise impiété ; mais par un déplorable privilège, la honte de la laisser ignominieusement ridiculiser par l'imbécillité moqueuse, sous le nom de philosophie, était réservée au XVIIIe siècle.

Aujourd'hui, ce livre est destiné à démontrer aux esprits sincèrement avides d'arriver à la vérité que, si nous, fils de l'avenir, nous sommes croyants, c'est que nos études sont plus sérieuses, notre intelligence plus profonde, notre esprit plus pénétrant, enfin notre cœur plus noblement inspiré que celui de ces bateleurs de la littérature qui trouvaient drôle de partager l'infamie grossière de ces soldats romains qui, croyant se livrer de spirituelles plaisanteries, souffletaient la douce et pâle figure du fils de Marie ; en voulant frapper Jésus-Christ, dont le nom aimé ne vient jamais sous notre plume émue sans que les fibres les plus intimes de notre cœur tressaillent pour lui d'amoureuse tendresse, ils ont blessé le peuple et la femme : le peuple qui avait trouvé en lui un frère qui, ouvrant les bras aux infirmes, aux mendiants, aux petits de ce monde, les avait appelés sur son sein, et les pressant contre sa divine poitrine, leur avait dit : « Venez à moi, vous tous qui souffrez et êtes fatigués, et je vous soulagerai ; » puis, à la femme courbée, ployée, humiliée à cause de sa faiblesse sous la domination brutale de l'homme : « Femme, relève-toi ! » À vous, espoir et consolation, mes frères souffrants et en haillons, car la parole du Christ sera éternellement vivante dans le monde, et elle créera une légion de sœurs de charité qui, en veillant à votre chevet et en pansant vos blessures, croira veiller et panser, de ses mains blanches et délicates, Jésus, l'amant bien-aimé de leurs âmes ; et de toutes les lèvres chrétiennes partira une voix courageuse criant anathème et malédiction au misérable qui osera vous repousser, vous mépriser et vous fouler aux pieds comme une vile multitude. Debout et bon courage, ô mes sœurs ! esclaves si longtemps agenouillées sous la main injuste de l'homme, toujours disposé à châtier la tendresse de votre cœur ; car le temps est proche où l'amour divin, conservé en vos âmes, envahira tous les hommes, et les fondra dans une merveilleuse unité : alors, il n'y aura plus ici-bas qu'une patrie, le monde ; qu'une famille, l'humanité. Cette fusion si impatiemment désirée de tout homme de croyance et d'avenir, nous tenterons de l'opérer, en faisant pénétrer nos lecteurs dans les sanctuaires de l'antique Orient, où était déposée entre les mains des prêtres la vérité traditionnelle sur Dieu, la nature et l'homme. Il y a dans les saintes Écritures, suivant saint Paul, deux éléments la lettre qui tue, et l'esprit qui vivifie ; dans les institutions religieuses, les traditions qui s'adressent à l'âme, et la révélation qui frappe les sens : en sorte que, sans l'esprit de la tradition qui christianisme un peuple, la lettre de la révélation le crétiniserait infailliblement. S'il est une question d'une importance primordiale, c'est sans contredit celle de savoir ce qu'il faut entendre par ces deux mots, tradition et révélation, qui sont les bases de granit de tout édifice social et religieux : aussi, en résolvant d'une manière lucide pour toutes les intelligences cet important problème, nous aurons obtenu le résultat désiré, de tout homme loyal qui tient une plume, en déposant une vérité dans les esprits et une croyance dans les cœurs.

Dans l'antiquité, quand un homme entreprenait de se faire l'instituteur d'un peuple, en lui donnant des lois, un culte et une religion : il prenait le bâton du pèlerin ; voyageur, il montait sur un vaisseau, traversait les mers et venait, comme nous allons le faire dans les chapitres suivants, étudier dans les sanctuaires de Perse, les Pyramides d'Égypte, les temples de l'Inde, Dieu, l'homme et la nature. Les prêtres lui transmettaient leur tradition quand par le courage qu'il avait déployé dans les épreuves physiques il avait prouvé qu'il saurait la garder, même au péril de sa vie, et quand, par une intelligente instruction, son esprit avait atteint le degré de capacité nécessaire pour être en état, sans en altérer le sens, de pouvoir la revoiler de symboles et d'allégories destinés à la rendre, pour ainsi dire, visible aux yeux de tous. La tradition est une comme la vérité, tandis que la révélation est multiple variable comme l'imagination des différents initiés révélateurs ; l'initiation agit sur un individu, la religion sur une nation entière.

La tradition, éternellement immuable, marquée au front du signe de l'universalité ; elle prend le nom de *cabale*, quand, au lieu d'être révélée par des allégories, des mythes, des symboles, elle l'est par des chiffres. À mesure que sous l'austère régime de l'initiation, l'âme de l'aspirant, éclairée par la lumière de Dieu, se dégage des organes grossiers qui la masquent, le voile qui sépare l'homme de la Divinité devient le plus en plus transparent jusqu'au moment solennel où, comme Moïse sur le mont Sinaï, ravi tout-à-coup en extase, transporté d'amour et d'allégresse, le visage rayonnant de grâce céleste et de lumineuse béatitude, il voit son Dieu face à face. Sous l'influence d'un culte divinement inspiré, quand un peuple poussé par le souffle du progrès gravite vers la Divinité, la révélation, ce voile de la vérité, que l'antiquité égyptienne avait jeté sur le front vénéré de la déesse Isis, et que le législateur des Hébreux avait étendu entre le peuple et la Majesté du Saint des Saints, devient de plus en plus transparent, et laisse arriver à l'intelligence et au cœur un plus lumineux reflet de la beauté éternelle ; car, à mesure que poussée par une force transformatrice, une nation a fait un pas dans la voie de la civilisation, le culte éminemment muable évolue à son tour pour lui faire accomplir un nouveau progrès. L'initiation se compose de plusieurs grades, échelon mystérieux de l'échelle d'or que Jacob entrevit en songe, dont le pied touchait à terre et dont le sommet se perdait dans la pure lumière du ciel. La voie de la civilisation a aussi ses grades, ses degrés, ses étapes ; à mesure qu'un peuple y avance, Dieu se manifeste plus clairement à son âme dans le splendide rayonnement de son éternel amour.

La tradition ou connaissance parfaite de Dieu, de l'homme et de la nature, est éminemment nécessaire à tous les peuples. L'homme auquel elle a été dévoilée dans l'initiation et qui entreprend de la revoiler, pour la rendre visible à tous les yeux, palpable à toutes les mains, doit se préoccuper de choisir des symboles, des allégories, des mythes, qui soient en rapport avec les mœurs, la nature, les connaissances du peuple qu'il aspire à doter du bienfait précieux de la vérité ; sans cela, la révélation ne révélerait rien à l'intelligence ni au cœur : de plus, s'il est quelque chose de capable d'enniaiser un homme et d'en faire un parfait crétin, c'est de mettre sur ses lèvres et devant ses yeux des symboles dont il ne saisit pas le sens ; car, quand on commande à l'intelligence de conserver en sa mémoire des choses incompréhensibles, on impose inévitablement à l'esprit l'ordre de se suicider. Les mœurs, les habitudes, les connaissances d'un peuple se modifiant avec le temps, il doit arriver nécessairement un moment où la révélation est impuissante à lui rien révéler ; alors les hommes de cœur doivent étudier les mœurs, les sciences, la littérature de leur temps, et emprunter à ces trois sources des images symboliques qui, en frappant les sens, fassent pénétrer la vérité au cœur de leurs concitoyens. Outre l'initiation qui met l'homme en possession de la vérité traditionnelle, on peut y arriver par un moyen que l'on nomme, d'une manière aussi juste que pittoresque, un coup de la grâce. En effet, un homme jette sa vie en pâture à la débauche, abandonne son intelligence à l'incroyance ; il marche dans le chemin de mort de l'erreur, sans souci de son éternité : tout d'un coup, comme saint Paul renversé par le coup de foudre de la grâce, une illumination subite éclaire son âme de la lumière de dieu ; par une conversion miraculeuse, tout son être est changé ; d'enfant de ténèbres il est devenu enfant de lumière. Que s'est-il passé en lui ? Rien que de très simple dans l'ordre surnaturel de la grâce ; l'Esprit Saint qui souffle où il veut l'a illuminé, l'écaille qui était devant ses yeux est tombée : alors la vue infinie de son âme a pénétré dans le monde du surnaturel et en a rapporté la connaissance de Dieu, de l'homme et de la nature. Le bandeau de l'impiété tombe souvent au contact électrique d'une épouse chrétienne qui vous donne sa vie, son amour et sa foi dans un saint baiser de ses lèvres de feu.

L'amour de l'argent, l'ambition des honneurs ont fermé à l'intelligence des hommes de ce siècle les sanctuaires de la Divinité : aussi, avant de transmettre la tradition révélée sous des symboles assez éclatants pour s'imposer à toutes les intelligences par la force invincible de la lumière de la vérité, il est indispensable de bien constater que sans cette transmission nommée tradition (du mot latin *tradere*, transmettre), et cette espèce de revoilement qui la rende visible à tous les yeux, nommée révélation (du mot *revelare*, revoiler), la liberté, le bonheur et l'amour sont pour un peuple des chimères impossibles à atteindre. S'il est naturel et excusable d'imposer sa volonté souveraine à des hommes, c'est lorsque ayant perdu le caractère sacré de chrétiens dans l'ignorance et l'abrutissement de la débauche, ils errent çà et là dans les ténèbres de l'erreur, attendant qu'un maître arrive pour les chasser devant lui avec une gaule comme un vil bétail : on opprime facilement un troupeau ; mais quand un peuple est resté fidèle à son Dieu, il peut toujours lever un front libre vers le ciel. La foi ennoblit, poétise et crée seule l'amour ; tandis que l'incroyant grossier ne voit en une femme quo la satisfaction d'un besoin, l'agioteur une dot à empocher, l'homme au cœur croyant, à l'âme aimante, voyant l'âme s'épanouir, rayonnante sur les traits d'une femme, au regard plein de charme, aux lèvres pleines de grâce, tend vers elle des bras avides d'étreintes amoureuses ; car pour lui elle est un ange descendu du ciel.

De par la raison, la philosophie a prétendu enlever aux cœurs la foi au royaume de Dieu ; elle a creusé un abîme immense dans l'âme de ces pauvres et beaux jeunes gens, pâles et sombres, blessés de la vie, qui se demandent avec effroi s'il n'y a pas en nous autre chose que ce corps qu'on enferme dans un cercueil et qu'on recouvre d'une terre froide et humide. Souffrant du même mal que ces frères de notre âge ; remontant dans le lointain des siècles, nous avons pénétré au fond des temples mystérieux de l'antique Orient, et nous en rapportons un vert rameau d'acacia, symbole de notre résurrection future.

Parmi les ennemis du catholicisme, les uns raillent perfidement les dogmes sublimes que leur intelligence sans capacité ne peut comprendre ; les autres se voilent hypocritement la face devant les nudités du langage biblique, car c'est le propre d'un cœur corrompu de voir l'immoralité où les intelligences loyales n'aperçoivent que les transports brûlants de l'inspiration divine ; enfin il existe de pauvres esprits qui puisent dans leur haine contre la religion la patience de s'ennuyer plusieurs années à rassembler les matériaux d'un édifice d'incroyance qui s'écroule au moindre souffle, en ensevelissant sous ses décombres eux et leurs tentatives impies. Un seul de ces édifices est resté debout, l'*Origine des Cultes*, de Dupuis. Ce livre est destiné à en ébranler les fondements. Son auteur a emprunté ses armes à l'initiation : c'est donc dans cet arsenal que nous prendrons un glaive pour percer au cœur les disciples qui survivent à leur maître et nous provoquent prudemment au combat.

Nous proclamons franchement qu'une croyance qui est réduite à l'état d'opinion est morte ; elle dure, mais ne vit plus. Nous ne tenterons pas de persuader seulement l'intelligence de la vérité probable de ces doctrines, mais d'enflammer tous les cœurs de ce feu brûlant de la passion, les âmes de ce grand amour de la vérité, qui mettaient le bâton du pèlerin dans les mains de tous les génies de l'antiquité, qui, à travers des chemins inexplorés, venaient les pieds en sang frapper à la porte des sanctuaires de l'initiation ; nous voulons répandre comme une contagion ce désir du ciel qui auréolait d'un reflet de céleste béatitude le front des jeunes chrétiennes jusque sous les dents des bêtes du cirque. Ce n'est pas dans un style tranquille qu'il nous est possible de faire aujourd'hui que l'amour infini de Jésus-Christ qui consume tout, notre être d'enivrante ardeur, jaillissant de notre cœur en fleuves de lumière, ravisse, transporte et entraîne dans le tourbillon de la grâce toutes les âmes, puis, nouveau char de feu du prophète Élie, les conduise aux cieux.

Les yeux voilés par la mort, Alexandre disait : « Je laisse mon royaume au plus digne. » Vico, avec son intelligence si profondément intuitive, écrivait : « Au plus habile l'empire du monde » ; et nous, à notre tour, nous disons : « Aux plus croyants l'avenir, » En effet, quand nous voyons les hommes les plus renommés du siècle prétendre établir la fraternité à l'aide de plans et d'organisations économiques froidement présentés, nous sourions de pitié à la vue des erreurs de ces hommes qui tournent opiniâtrement les yeux à la lumière de la vérité ; il faut, auparavant, que tous ces cœurs soient unis dans un même amour, que toutes ces intelligences soient unies dans une même croyance . La fraternité, selon nous, c'est tous les hommes s'aimant en Dieu et par Dieu.

Dans ce siècle où l'on attache trop peu d'importance aux convictions sincères et religieuses pour les persécuter, on se borne perfidement à les railler et à traiter les adeptes de ces doctrines de fanatiques et de fous, tandis que de toutes les lèvres devraient s'échapper cette voix : Bénis, ô chevaliers nos pères vous qui, pour nous laisser intact l'héritage de votre foi, tendiez courageusement vôtre tête au cimeterre et présentez votre poitrine découverte aux lances des musulmans ! Bénies, ô vous phalanges nombreuses de martyres chrétiennes, vous qui appeliez le fer et le feu du supplice pour venir rompre les liens terrestres de votre corps et permettre à votre âme, ange de pureté, de voler triomphante vers Jésus, son bien-aimé fiancé ! C'est pour les vérités traditionnelles que nous défendons aujourd'hui, que vous avez versé votre sang. Nous ne faillirons pas non plus, dussions-nous, comme vous, être glorieusement accusés de fanatisme et de folie.

Un idiot dans ce siècle a laissé tomber de ses lèvres hébétées cette niaiserie pataude : « Le christianisme est mort ! » et aucune voix ne s'est élevée pour confondre l'orgueilleuse ignorance de ce savant grotesque. Non, le christianisme n'est pas mort, tout ce qui est éternel ne meurt pas : semblable à Hercule, il s'appuie tranquillement sur sa massue, laisse approcher les monstres ; mais il n'a qu'à la lever dans les airs pour les disperser éperdus d'effroi. Pour nous, porté par l'Esprit au sommet des hauteurs philosophiques, plongeant un long regard dans l'avenir, nous sentons notre âme tressaillir d'espérance et d'amour en voyant s'approcher le règne du Dieu fait homme ! Comme Julien l'Apostat, jetant le sang de sa blessure à la face du ciel et s'écriant : « Tu as vaincu, Galiléen ! » en apercevant la croix debout et triomphante sur les débris des erreurs qui convulsionnent encore la société et les hommes unis dans un même amour de Dieu, nous nous écrions les entrailles émues d'un pressentiment prophétique : « Tu as vaincu, Galiléen ! »

INITIATION AUX MYSTÈRES D'ISIS
DANS LA PYRAMIDE DE MEMPHIS

> Le fait de l'initiation est de lier l'homme à Dieu.
> SALLUSTE.
> L'initiation sert à retirer l'âme de la vie matérielle en y répandant la lumière. PROCLUS.
> Moïse ayant été instruit dans toute la sagesse des Égyptiens, était puissant en œuvres et en paroles.
> *Actes de. Apôtres*, ch. VII, V. 22.

En Égypte, depuis quarante siècles, les pyramides révèlent, par leur forme, aux générations qui passent, le dogme éternellement immuable de la Trinité sainte. Ancien temple d'initiation, elles ont été traversées par tous les grands génies des temps antiques ; elles ont donné des législateurs et des civilisateurs à tous les peuples. Immobiles comme la tradition qui y était pieusement déposée, elles ont vu sans frémir les convulsions et les bouleversements des empires, et sont restées debout dans la majestueuse attitude de l'éternelle vérité : aussi les âmes qui souffrent du scepticisme de ce siècle se reportent avec bonheur au temps de foi ardente où tous les fondateurs de religion venaient y puiser l'eau vive de la vérité et la connaissance des destinées immortelles de l'homme ; car, suivant la remarque de saint Augustin, Moïse lui-même était versé dans toutes les sciences de l'initiation des Égyptiens. Jusqu'ici déplorable a été l'inintelligence des écrivains qui ont traité de l'initiation aux mystères de l'antiquité ; ils n'y ont vu qu'un ensemble d'épreuves physiques et de systèmes astronomiques pour excuser leur ignorance ; ils ont prétexté que la vérité que l'on y apprenait de la bouche sacrée des hiérophantes n'avait jamais été révélée par personne ; mais aucun n'a encore considéré les mystères à leur véritable point de vue : la régénération de l'âme ; aussi nous croyons du plus haut intérêt pour tous les esprits sérieux d'étudier de quelle manière l'homme y était mis en état d'entrer dès ici-bas en communication médiate avec son Dieu.

Lorsqu'un homme sentait en son âme une soif ardente de la vérité, en son cœur le courage nécessaire pour braver les terribles épreuves de l'initiation, il gravissait jusqu'à la seizième assise de la grande pyramide de Memphis, où se trouvait une fenêtre taillée dans le granit, qui jour et nuit restait ouverte. Cette ouverture, seule entrée du temple d'initiation, d'environ trois pieds carrés, était située au nord, côté du froid des ténèbres et de l'ignorance, suivant les traditions prophétiques de ces peuples, qui pressentaient que c'était par le nord que devaient vernir les cohortes victorieuses qui devaient un jour emporter, dans les plus sanglants de leurs étendards, les richesses de la civilisation orientale. Là s'ouvrait devant l'aspirant une galerie basse, voûtée, humide et froide comme un caveau funéraire, où, une lampe à la main, il s'avançait en rampant péniblement ; après de longs détours, il atteignait enfin un puits à large orifice, enduit partout d'un asphalte très sombre et poli comme une glace ; l'ouverture de ce gouffre, d'où sortait une fumée noire et épaisse, semblait un des soupiraux de l'enfer : aussi, en présence de cet abîme béant, souvent le cœur défaillait à l'aspirant qui, se glissant de nouveau sur le ventre, retournait sur ses pas, renonçant à sa périlleuse entreprise. L'homme, au contraire, qui avait le courage de persévérer voyait alors l'initié qui l'accompagnait mettre sur sa tête la lampe, puis disparaître dans ce ténébreux précipice à l'aide d'un escalier intérieur dont l'obscurité profonde dissimulait les échelons de fer ; le candidat l'y suivait en silence ; après avoir descendu environ soixante degrés, il rencontrait une ouverture qui servait d'entrée à un chemin creusé dans le roc, et descendait en spirale pendant un espace d'environ quarante mètres. À l'extrémité se trouvait une porte d'airain à deux battants, qui s'ouvrait devant lui sans effort et sans bruit, mais qui, se refermant d'elle-même, produisait un son éclatant qui, reporté par les échos de ces profonds souterrains, allait avertir les prêtres qu'un profane venait de s'engager dans la galerie qui menait aux épreuves.

Après quelques pas dans ce chemin, il rencontrait une table en marbre blanc, sur laquelle se détachaient, gravés en lettres noires, ces mots : « *Le mortel qui parcourra seul cette route sans regarder et se retourner en arrière sera purifié par le feu, par l'eau et par l'air ; s'il peut surmonter la frayeur de la mort il sortira du sein de la terre, reverra la lumière et aura le droit de préparer son âme à être initiée aux mystères de la grande déesse Isis. »*

En cet instant, l'initié qui accompagnait l'aspirant lui déclarait qu'il ne pouvait l'accompagner plus loin, lui faisait écrire son testament en lui laissant pressentir la mort comme probable dans les épreuves périlleuses qu'il allait entreprendre, en sorte qu'il fallait une grande audace de cœur pour oser persévérer. Les aspirants qui continuaient leur route suivaient de nouveau la galerie. Des deux côtés s'ouvraient des niches creusées dans les parois ; dans ces caveaux étaient placées des statues de basalte, disposées de manière à, ce que, projetant à la lueur vacillante de la lampe de l'aspirant leur image fantastique, il se crût environné des ombres des trépassés accourus pour contempler la vue étrange d'un homme descendu vivant aux enfers. Enfin, il arrivait à une porte gardée par trois hommes armés d'épées et coiffés de casques en forme de têtes de chacal ; ces gardiens, dont la Fable a fait Cerbère, s'avançaient vivement sur lui ; un d'eux, le prenant à, la gorge, lui disait : « Passe, si tu l'oses ; mais garde-toi de reculer, car nous veillons jour et nuit à cette porte pour nous opposer à la retraite de ceux qui l'ont franchie, et pour les retenir à jamais renfermés dans ces lieux souterrains. » Si ces paroles n'ébranlaient pas la résolution de l'aspirant, les gardes s'écartaient pour lui livrer passage, il n'avait pas fait cinquante pas qu'il apercevait devant lui une lumière très vive ; bientôt il se trouvait dans une salle voûtée qui avait plus de cent mètres de long et de large. À droite et à gauche s'élevaient deux bûchers formés de branches de baume arabique, d'épine d'Égypte et de tamarin, trois sortes de bois très souples, très odoriférants, très inflammables ; il fallait que l'aspirant traversât cette fournaise, dont la flamme se réunissait en berceau au-dessus de sa tête. À peine sorti de ce brasier ardent, il se trouvait en présence d'un torrent alimenté par le Nil, qui lui barrait le passage : alors, se dépouillant de ses vêtements, il les roulait, les attachait sur sa tête en ayant soin de fixer au-dessus sa lampe, dont la clarté, dissipant les ténèbres qui l'enveloppaient, devait indiquer à sa vue la rive opposée. À peine avait-il abordé au rivage, qu'il trouvait devant lui une arcade élevée conduisant à un palier de six pieds carrés, dont le plancher dérobait à sa vue le mécanisme sur lequel il reposait ; une porte d'ivoire, garnie de deux filets d'or qui indiquaient qu'elle s'ouvrait en dedans, lui barrait de nouveau le passage ; vainement essayait-il de se frayer un chemin en forçant cette porte : elle résistait à tous ses efforts. Tout à coup deux anneaux très brillants s'offraient à ses regards ; mais à peine y avait-il porté la main que le plancher, se dérobant sous ses pieds, le laissait suspendu aux anneaux au-dessus d'un abîme d'où s'échappait un vent furieux qui éteignait sa lampe : assourdi par le bruit, ballotté par le vent, glacé par le froid, il restait dans cette cruelle suspension plut d'une minute ; peu à peu cependant ces anneaux descendaient, et le récipiendaire sentait de nouveau le plancher sous ses pieds ; la porte s'ouvrait, il se trouvait dans un temple étincelant de lumière.

Ces épreuves n'avaient pas seulement pour but de s'assurer du courage de l'aspirant ; mais elles contenaient la plus sublime philosophie en lui enseignant, par un symbolisme effrayant, que l'homme qui aspire à être dès cette vie possesseur des vérités éternelles, doit commencer par mourir au monde, descendre vivant dans le tombeau, séjourner assez longtemps dans le sein de la terre pour s'y dépouiller de son corps mortel sous l'action des éléments, l'eau, le feu et l'air, et n'en sortir que converti, régénéré pour renaître à une vie nouvelle. L'idée que les peuples de l'antiquité avaient de l'initiation était si haute que nous voyons, dans les temps fabuleux, tous les poètes faire descendre leurs héros aux enfers ; or, toute intelligence supérieure, en lisant ce qui précède, voit apparaître, à travers ce mythe de l'enfer païen, l'initiation dont les poètes, ne pouvant dévoiler au vulgaire la sublime idée, revoilaient les épreuves et les doctrines sous le symbolisme le plus séduisant pour l'imagination et le plus attrayant pour le cœur. Nous avons passé rapidement sur les détails de ces épreuves, qui nous ont montré l'aspirant sortant victorieux de sa lutte avec la nature. Nous allons maintenant assister à un duel étrange entre son âme et son corps : si dans ce terrible combat il demeurait vainqueur, d'enfant de ténèbres il était fait enfant de lumière et demi-dieu : alors il avait pour mission d'unir les hommes par les liens d'une solidarité religieuse. Les peuples le vénéraient comme représentant de la Divinité sur la terre, et la postérité, par la voix de ses poètes, le proclamait un héros, dont la racine étymologique est formée du mot *éros*, qui signifie amour. En effet, ce qu'on puisait dans l'initiation n'était pas la connaissance d'un système astronomique, mais cette lumière divine, cette grâce céleste qui sacre d'une auréole lumineuse le front béni de ceux qui sont sur la terre les sanctuaires vivants du Dieu qui éclaire l'intelligence et enflamme le cœur de *l'amour* de l'humanité souffrante.

La porte par laquelle l'aspirant entrait dans le sanctuaire était pratiquée dans le piédestal de la triple statue d'Isis, d'Osiris et d'Orus, groupe divin, trinité auguste, image des trois manifestations du grand architecte de l'univers : là le néophyte était reçu par les prêtres rangés sur deux lignes, parés de riches ornements sur lesquels il distinguait un triangle rayonnant de lumière au milieu duquel brillait un œil en diamant, pour indiquer qu'ils étaient prêtres d'Osiris, dont le nom signifie *œil de Dieu* ; à leur tête était le porte-flambeau, tenant précieusement dans ses mains un vase d'or en forme de vaisseau nommé *Baris*[1], d'où jaillissaient les splendeurs radieuses d'une clarté éblouissante, symbole de la lumière incréée ; un second portait le van mystique ; enfin, tous avaient à la main des symboles d'épuration, de force et de puissance. Le hiérophante l'embrassait trois fois ; puis, le faisant mettre à genoux devant la triple statue, il l'engageait à s'unir de cœur et d'esprit à cette prière qu'il prononçait à haute voix, en ces termes :

---

[1] Il y a une légende qui ne manque pas d'une assez forte vraisemblance, et qui rapporte qu'avant la domination romaine dans les Gaules, en faisant des fouilles à l'endroit où est aujourd'hui la Cité, on y trouva les restes d'un ancien temple d'Isis, dont le culte s'établit dans cette partie de l'Europe 4 600 ans avant Jésus-Christ. Une Druidesse, le sein gonflé, l'œil inspiré, étant arrivée sur ces entrefaites, ramassa un de ces vases d'or, et l'élevant au-dessus de sa tête, elle s'écria en présence de la foule attentive :

« O Baris ! tu porteras la lumière à tous les peuples et tu seras l'astre de la civilisation du monde ! « Voici l'origine du nom de Paris et du vaisseau d'or qui forme les arme de cette ville. Le temps, nous n'en doutons pas, achèvera de réaliser l'oracle de cette femme qui, les cheveux couronnés de verveine, était véritablement inspirée par l'esprit même de Dieu.

« O grande déesse Isis ! éclaire de tes lumières ce mortel qui a surmonté tant de périls, accompli tant de travaux, et fais-le triompher encore dans les épreuves de l'âme, afin qu'il soit tout à fait digne d'être initié à tes mystères ! » Quand tous les assistants avaient répété ces paroles en se frappant la poitrine, le grand-prêtre lui tendait la main pour le relever, puis il le conduisait à une porte qui s'ouvrait au fond de ce premier temple ; là il invitait l'aspirant à frapper trois coups : alors une voix sévère, sortant de l'intérieur, demandait au profane ce qu'il voulait. Celui-ci, d'après les conseils des prêtres, répondait qu'il était un pénitent ; que résolu à mourir aux ténèbres de l'erreur pour renaître à la lumière de la vérité, il était descendu vivant dans te sein de la terre pour s'y accuser de ses fautes, en faire pénitence et s'y dépouiller de sa chair souillée de la fange honteuse du péché : alors il entendait un bruit terrible de chaînes et la porte glissant sur ses gonds, il se trouvait dans un lieu faiblement éclairé, en présence d'un tribunal composé de trois prêtres ; leur robe blanche d'initiés était recouverte d'une large tunique d'un rouge de sang ; celui du milieu avait la tête couverte d'une mitre sur laquelle était gravé en pierreries un œil rayonnant, image de l'œil de Dieu qui voit tout ; une chaîne d'or ornait son cou, et laissait pendre sur sa poitrine un saphir sur lequel se voyait gravé une femme nue se contemplant dans un miroir : cette femme, c'est l'âme prenant connaissance d'elle-même, c'est la conscience !!! Ces trois prêtres dont la Fable a fait les trois juges des enfers, Minos, Eaque et Rhadamanthe, ordonnaient à l'aspirant de confesser les crimes de sa vie passée en présence du Dieu vivant dont ils étaient les ministres et représentants sur la terre. L'aspirant devait déclarer non-seulement les actions perverses qu'il avait commises, mais encore les circonstances dans lesquelles il les avait commises, enfin terminer par un exposé exact de ses bonnes ou mauvaises inclinations. Quand le récipiendaire avait fini cette énumération détaillée des actes de sa vie passée et tracé cette esquisse morale de sa personnalité individuelle, les prêtres le faisaient conduire dans une salle d'attente et examinaient si ses aveux se trouvaient d'accord avec les renseignements recueillis et confirmés par la configuration phrénologique de son crâne, l'air de son visage, le jeu de sa physionomie.

Quand ces initiés, dont l'œil perçant pénétrait jusqu'au cœur et sondait les replis les plus intimes de la conscience, avaient reconnu la franchise de ses aveux, ils l'admettaient au bienfait de l'expiation, quelle que fût d'ailleurs l'énormité des crimes dont il se fût confessé coupable ; mais avant de le faire passer aux formidables épreuves de ces expiations, qui dans les plus terribles tortures broyaient les corps souillés de la fange du péché, on lui présentait une coupe contenant le breuvage de l'oubli dont les poètes ont fait le fleuve Léthé ; après qu'il avait bu cette première coupe, on lui en présentait une seconde contenant le breuvage de la mémoire, ce qui signifiait qu'il fallait oublier les erreurs de ce monde et ne se souvenir que des vérités auxquelles il allait être initié.

Les bords de la coupe d'oubli étaient frottés de miel, mais le vin qu'elle contenait avait l'amertume du fiel ; tandis que celle de mémoire avait les bords enduits de fiel et contenait un nectar exquis, symbole profond et éternellement vrai. Aujourd'hui encore le monde nous présente, à notre entrée dans la vie, la coupe des voluptés, au fond de laquelle résident la honte, les maladies, la mort ; et la religion, le calice d'amertume du Christ martyr, au fond duquel on boit la force, la santé et le bonheur, dans le temps et dans l'éternité. L'expiation contenait deux parties : la contrition du corps et l'évocation de l'âme. Avant de conduire l'aspirant dans la salle des tortures, les prêtres-juges qui avaient entendu sa confession le faisaient venir et le prévenaient qu'il lui était permis de poursuivre sa route vers la lumière, mais qu'avant d'y arriver il lui restait de terribles souffrances à endurer, avertissement que Fénelon, dans son *Télémaque*, met dans la bouche de Pluton à peu près en ces termes : « Pour aller aux Champs-Élysées il faut passer par le noir Tartare. » Les supplices de l'expiation consistaient à remplir des tonneaux percés, à rouler un énorme cylindre de pierre au sommet d'une espèce de colline placée en travers à l'extrémité orientale du lieu des tourments, surnommé champs des larmes (*lugentes campi*) : ces tortures dont la Fable, dans ses poétiques allégories, a fait le supplice des Danaïdes et de Sisyphe, n'étaient pas un symbole stérile, mais avaient sur l'aspirant la plus bienfaisante influence, en lui enseignant qu'il ne faut jamais déshonorer la majesté d'un travail utile, en l'imposant comme une pénitence. Suivant les traditions orientales, le péché originel avait été une révolte de la raison orgueilleuse contre Dieu : on la combattait par l'humilité, en la soumettant à un travail aussi déraisonnable en apparence qu'inutile en réalité ; et cependant l'aspirant, en l'exécutant avec soumission, apprenait à commander en obéissant aveuglément. La raison terrassée, restait le corps à broyer, en mortifiant les sens par un long jeûne et une héroïque chasteté. Dans les ouvrages si curieux des pères jésuites sur les initiations, nous voyons avec peine qu'ils insinuent que les prêtres faisaient prendre aux aspirants des breuvages réfrigérants pour éteindre en leurs membres le feu brûlant de la concupiscence ; nous affirmons, au contraire, que la sagesse antique, pour souffler en leurs veines la flamme phosphorescente de l'amour, les livrait sans vêtements à des femmes armées de verges qui, en flagellant leur chair, faisaient rapidement circuler leur sang bouillonnant de tous les feux de la plus ardente passion ; car pour arriver à l'héroïsme, il faut avoir surmonté les tentations terribles de la chair révoltée qui se débattent avec des rugissements farouches sous la main qui les dompte, et sont ces monstres que les héros de la Fable broyaient avec bonheur en les étreignant contre leur large et noble poitrine. Les poètes ont donné à ces femmes furieuses, qui mettaient le corps de l'aspirant en sang, le nom d'Euménides, qui veut dire *bienveillantes* ; et quoi qu'en disent les pédants de collèges, nous trouvons le nom très justement donné, car elles le délivraient de son corps matériel par ces tortures qui brisaient les liens charnels qui retiennent l'âme prisonnière, et la laissaient, sur les ailes de l'amour divin, voler vers l'éclatant Olympe : dans ce châtiment infâme du corps était la résurrection de l'âme.

Cette flamme amoureuse qui faisait bouillonner le sang dans les veines de l'aspirant, les prêtres s'efforçaient de la porter dans son âme par l'évocation. Sa renaissance spirituelle commençait par le chant d'hymnes religieux et le son des instruments à cordes, qui, en vertu d'une loi des plus merveilleuses de l'harmonie, communiquaient sympathiquement leurs vibrations à la lyre intérieure que chaque homme porte en sa poitrine, et que l'on nomme *cœur*. À cet appel mélodieux, l'âme endormie se réveillait, et pour la première fois se sentait vivante ; après l'enchantement de l'aspirant, venait son édification (*facere*, faire, *œdes*, édifice), qui consistait à recueillir en l'âme, par un recueillement intérieur, l'esprit de lumière et de vie qui surabondait en lui par suite du régime de mortification que lui imposaient les hiérophantes. L'aspirant, de la sorte, au lieu de verser sa vie dans la jouissance énervante d'une volupté bestiale, l'arrachait courageusement de sa chair et la portait dans son âme, afin d'en faire un sanctuaire digne d'être le tabernacle de l'esprit de Dieu, qui fait ses délices d'habiter dans les âmes vivantes et pures. Le troisième terme de l'évocation de l'âme consistait dans ce que les philosophes hermétiques nomment la *fixation* ; car, l'âme étant semblable à ces lampes allumées confiées à chacune des vierges de l'Évangile, dont la flamme vacille au souffle du monde et menace de s'éteindre dans les ténèbres humides des sens, il faut la mettre sous la garde des trois vertus qui, comme les Vestales, ces vierges romaines, sont chargées d'entretenir en elle le feu éternel de la vérité et de la vie : la première, la foi, que les prêtres faisaient acquérir à l'aspirant, en dirigeant le vol de son âme vivifiée dans le monde du surnaturel, où, après avoir contemplé avec sa vue infinie les vérités dogmatiques, elle y croyait invinciblement ; la seconde, l'espérance, qu'ils forçaient à jeter son ancre en présence du monde de l'éternité, où elle contemplait, dans l'extase et le ravissement, les béatitudes que Dieu réserve à ses chers enfants ; la charité, qui est le lieu de lumière attractive qui attire l'âme vers les abîmes de l'humanité, où, en vertu de sa sensibilité infinie, elle saignait de toutes les blessures du pauvre, souffrait de toutes ses souffrances, et les aimait avec enivrement et passion ; car sous les haillons de la misère, il retrouvait Dieu ! Jour et nuit, la prière, en élevant l'âme vers la Divinité, la faisait converser avec elle, et mettait cet homme en état d'être, ici-bas, l'intermédiaire entre Dieu et sa créature.

Quand le corps de l'aspirant avait été mortifié, par une contrition expiatoire et son âme vivifiée par l'évocation, les prêtres le conduisaient dans un lieu de délices appelé *Élysée* : c'était un jardin de quatre lieues de longueur sur huit cents pas de largeur ; on y entrait par des chemins plantés d'arbustes odoriférants ; là, régnait un air tiède et parfumé qui mêlait aux fleurs du printemps les fruits de l'automne. Sur les gazons fins et étoilés de fleurs, paissaient de belles génisses blanches destinées aux sacrifices ; de jeunes filles et de jeunes garçons s'y exerçaient dans une lutte pleine de grâce à déployer leurs membres charmants dans d'attrayantes proportions. Ce qui achevait de changer ce lieu en un paradis de séduisante volupté, c'étaient des corbeilles artistement arrangées, qui présentaient d'elles-mêmes à l'aspirant mourant de faim leurs fruits dorés ; des coupes d'or qui, remplies d'un vin exquis, tentaient sa soif ; enfin, des bosquets retirés, où des femmes vêtues d'une gaze légère, à demi couchées sur des lits de pourpre, l'appelaient près d'elles par leur regard amoureux, leur doux sourire et la pose alanguie de leur corps voluptueusement modelé. La tentation, comme un serpent de feu, s'insinuait dans tous ses sens et s'efforçait, en ce moment dernier, de remporter une victoire ; car, s'il succombait, le fruit de tous ses travaux antérieurs était perdu, il restait pour jamais enfermé dans les pyramides, où il pouvait cependant devenir un officier de second ordre. Si, au contraire, il sortait victorieux de cette dernière épreuve, dont la Fable fait le supplice de Tantale, on proclamait dans toute la ville que l'aspirant était sorti triomphant des épreuves de l'initiation.

Entré dans les pyramides par la fenêtre du nord, il en sortait, le jour de sa manifestation triomphale, par la grande porte du midi, précédé d'une longue procession de prêtres revêtus d'ornements magnifiques et portant en leurs mains différents symboles figuratifs de la religion égyptienne, tous ciselés en or : le grand-prêtre, habillé en soleil, donnait la main à l'initié vêtu de blanc, le front ceint d'une couronne de myrte, et portant à la main la palme de la victoire ; il était suivi d'un char de triomphe, dans lequel il ne montait jamais, pour montrer qu'il dédaignait les honneurs de ce monde. C'était une fête pour la ville de Memphis : de toutes les fenêtres on l'accablait de fleurs, on répétait son nom avec acclamation ; le roi venait sur son balcon, accompagné de sa cour, pour le complimenter. De retour dans le temple, il disait adieu aux prêtres qui l'avaient initié ; et souvent, dès le lendemain, reprenant son bâton et ses vêtements de pèlerin, il retournait dans son pays, où il instituait un culte destiné à en civiliser les sauvages habitants ; il écrivait la révélation de son initiation, destinée à faire pénétrer la vérité dans leur âme. Pour lui, se retirant souvent sur les montagnes, comme Moïse sur le Sinaï, il y conversait avec son Dieu dans les extases de l'amour et du ravissement, en attendant le jour du grand triomphe de la mort.

INITIATION AUX MYSTÈRES DE MITHRA
OU
SCIENCE MAGIQUE DES CHALDÉENS D'ASSYRIE

La véritable religion a été de tout temps.
SAINT AUGUSTIN.

Aujourd'hui il y a grand nombre d'hommes intelligents qui consentent à s'avouer chrétiens, mais qui repoussent de toutes leurs forces le nom de catholiques ; pour nous, non-seulement nous nous disons chrétien, mais de plus nous nous proclamons catholique ; et ce livre, en montrant la tradition dans tous les temps et chez tous les peuples, démontrera qu'un édifice religieux qui a pour durée le temps, pour coupole la voûte azurée du firmament, pour base la terre entière, ale droit de se baptiser du titre d'universel ou de catholique.

Nous allons étudier la magie, science dont le nom seul ouvre à l'intelligence un horizon magnifique sur le monde du surnaturel ou règne de Dieu. Il y a parmi nos lecteurs quelques esprits scrupuleux qui trouveront très peu orthodoxe de faire intervenir la magie dans une question catholique : aussi croyons-nous nécessaire de leur rappeler que, tandis que les *Mages* sont venus en pèlerinage adorer en Jésus enfant un Dieu fait homme, les prêtres juifs l'ont attaché à une croix comme un vil imposteur. Il faudrait avoir un triple bandeau sur les yeux pour ne pas reconnaître la sublimité d'une doctrine religieuse qui, après plus de deux mille ans d'existence, a pour disciples des hommes comme les trois rois mages, qui étaient doués d'une si grande sûreté de coup d'œil que, sans hésitation, ils se mirent en marche pour Bethléem, où leur intuition prophétique leur fit reconnaître le fils du roi des Cieux dans un petit enfant couché dans une mangeoire à bestiaux : de même que le moule de sable qui change l'airain en feu qu'on a versé dans ses flancs en une magnifique statue proclame le talent du statuaire dont la main le modela, de même aussi l'initiation aux mystères de Mithra, qui formait des prophètes aussi divinement inspirés que les rois mages, appelle l'admiration et les études de toutes les intelligences élevées de ce siècle ; car ils y trouveront certainement la main de Dieu.

Au commencement était Dieu ; il vivait en lui-même, son éternité. La première création de sa parole fut les Anges, esprits immatériels qu'il anima de sa vie propre, qu'il éclaira de sa lumière : les uns la conservèrent et restèrent fidèles à leur créateur ; les autres la rejetèrent et devinrent les démons ou esprits des ténèbres. La seconde création fut celle du Monde. Dieu, lassé de vivre face à face avec l'horreur du chaos, masse informe et inerte qui contenait les germes de tout ce qui devait naître, envoya son esprit sur les eaux de l'abîme et il les vaporisa. Enfin la lumière fut : or, cette lumière était la vie qui devait développer les germes, l'amour qui devait les disposer suivant les lois de l'attraction et l'ordre des harmonies, enfin la source du mouvement et de la force. Cette action magique du feu sur l'eau, qui est chez toutes les nations décrite à la première page de leur histoire, les Chaldéens la représentaient par un lion enfonçant ses griffes dans le flanc d'un taureau et broyant sa large et forte tête dans sa gueule sanglante. Au XIXe siècle nous avons vu le principe igné vaporiser le principe aqueux, et aussitôt la vie apparaître pour animer l'airain, comme jadis Prométhée anima l'argile. Il y a de la magie dans ces chars emportés à travers l'espace par la locomotive, coursier de bronze qui souffle bruyamment le feu de ses naseaux enflammés ; et l'homme, en inventant les chemins de fer et les bateaux à vapeur, a suivi pour animer son airain la même marche que Dieu pour donner au monde le mouvement et la vie : il a fait vaporiser l'eau par le feu et en a dégagé l'esprit *universel* de lumière et de vie, qui, en vertu de sa nature *universelle*, aspire à être, partout, vraiment jaloux de justifier son titre ; il lutte avec furie contre les obstacles qui lui sont opposés : c'est cette lutte incessante qui produit le mouvement.

L'esprit de lumière étant créé, Dieu pouvait lancer les astres étincelants, dans l'espace, sans crainte qu'ils ne se heurtassent dans leur vol rapide ; car, pénétrés par cet esprit, leur course régie par l'attraction était innocente, et ils se trouvaient unis les uns aux autres par les liens attractifs d'une solidarité respective : cette lumière, c'est la vigueur ignéale qui sous le nom de *nature* a développé les germes, leur a donné la force de percer la terre, de s'élever, de se couvrir de feuilles, de fleurs et de fruits. Après avoir animé sous le nom de *sève* les plantes, sous le nom de *sang* elle anima les animaux, développa leurs membres, fit croître leur taille et les unit par les lois de l'instinct. Le XVIIIe siècle trouva très inepte et très ignorant, de la part de Moïse, d'avoir montré Dieu créant la lumière avant les astres, car il était trop superficiel pour savoir que si les globes étincelants de clartés roulent avec harmonie leur course majestueuse au-dessus de nos têtes, c'est que tous leurs mouvements sont déterminés à l'avance par l'attraction, qui est l'une des propriétés de cette lumière créatrice.

Lorsque Dieu eut créé les astres, les plantes et les animaux, il résolut de créer un être médiateur entre le ciel et la terre, espèce de point d'intersection entre le visible et l'invisible : pour réaliser ce projet divin, il prit un peu de limon ; le pétrit et l'anima de son souffle, en sorte que l'homme est le lien qui réunit la terre au ciel, le fini à l'infini ; car la série des êtres substantiels part du grain de poussière et s'élève progressivement jusqu'au corps de l'homme, la plus parfaite des créations matérielles, où le règne substantiel se trouve lié au règne spirituel qui part de l'âme et monte jusqu'au trône de l'Éternel à travers une série innombrable de légions d'esprits rangés par ordre de lumière. Ange par son âme, animal par son corps, deux routes s'ouvrent devant l'homme : l'une conduit à la vie, l'autre à la mort ; ce fut dans cette dernière que le premier homme s'engagea, entraînant à sa suite les innombrables générations de sa postérité future.

Être de raison et d'intelligence, l'homme ne pouvait vivre sans une loi : Dieu lui donne la loi suivant laquelle il agit lui-même, l'anime de sa vie spirituelle et l'éclaire de la lumière de sa grâce, qui soudain soumet le monde à sa volonté souveraine : la terre le voit, et admire dans le ravissement l'hôte charmant qui s'avance pour en prendre possession, le front brillant d'un reflet de la Divinité, dont il est le type immortel et la vivante image : son âme voyait Dieu, pouvait converser avec lui et entrer en rapport avec les anges, jusqu'au jour où, au lieu de garder la lumière de la grâce en son âme, il la porta en son corps : alors s'éveillèrent en lui les concupiscences de la chair, qui sont : l'orgueil, la gourmandise et la débauche. À mesure qu'il retira la vie de son âme pour la porter en ses sens, cet ange divin privé de force cessa de transpercer du regard le temps et l'espace, et de converser avec Dieu. Adam était entré dans la voie de la matérialisation, et en s'animalisant il s'était insensiblement laissé revêtir, lui et sa postérité future, d'organes matériels destinés à la mort comme tout ce qui est matière, en sorte que le fruit de sa faute fut la mort pour lui et ses descendants. Quand le péché eut dégradé l'homme, la lumière de Dieu qui angélisait ses traits les abandonna à la décomposition physique de l'abrutissement : alors la nature et les animaux qui lui étaient soumis se révoltèrent contre son joug désormais sans noblesse, son autorité sans puissance, car toute force supérieure vient de l'âme, et la terre, qui avait accepté la souveraineté d'un ange sanctuaire de Dieu, repoussa celle d'une brute. La vie portée en la chair éveilla la faim ; l'homme fut forcé d'entrer en lutte avec les animaux pour l'assouvir : l'homme avait non-seulement perdu, en retirant la vie de son âme, son intelligence, sa beauté, sa puissance ; il avait encore perdu la béatitude d'aimer et d'être aimé, car sans la grâce de Dieu il ne peut y avoir d'harmonie sociale ni d'attraction humanitaire : l'homme sera une bête féroce pour l'homme. Cependant des hommes sur le sol de Chaldée résolurent de rendre à l'humanité son état adamique, de faire succéder l'âge d'or à l'âge de fer, en faisant remonter à l'homme les sept degrés qu'il avait descendus vers la bestialité.

Quand Dieu décompose un rayon de son soleil, on voit apparaître à l'horizon une ligne arquée qui colore le ciel de sept couleurs : de là, toute cette ligne prend le nom d'*arc-en-ciel*. C'est le signe emblématique de la nouvelle alliance de l'homme avec Dieu. Ce nom symbolique d'*arc d'alliance* vient à ce phénomène de l'atmosphère sidérale de ce que la couleur noire est liée à la couleur blanche par les sept couleurs intermédiaires : de même que dans la nouvelle alliance ou dans l'initiation magique, l'homme, enfant de ténèbres, en passant par les sept grades, arrive à la blanche et pure lumière qui le relie à Dieu.

Tout l'esprit de tous les mystères peut se résumer en ces mots ; L'homme est descendu jusqu'au niveau de la brute en rejetant la lumière de la grâce qui éclairait son âme, et en se laissant envahir par les ténèbres de la mort ; il faut que sous le régime de l'initiation il rejette les ténèbres de son âme et la laisse envahir par les purs rayons de la lumière incréée. L'homme qui frappe à la porte de l'initiation est noirci des souillures du péché ; quand il a franchi les sept grades, il en sort paré de la robe blanche de la pureté, le front rayonnant de la beauté de Dieu, le cœur embrasé du grand amour de l'humanité qui fait les héros et les saints ; l'intelligence, instruite de toutes les sciences, est en état de lire l'avenir dans le grand livre des destinées éternelles. Cet homme, en remontant les sept degrés descendus par ses ancêtres, a atteint la pureté angélique et recouvré la puissance adamique : c'est un demi-dieu, c'est un mage. Examinons les actes bénis de l'antique magie, dont la main mystérieuse conduisait l'homme à Dieu, dissipait les ténèbres en son âme, et sacrait son front d'une auréole de divine lumière.

L'initiation était divisée en sept grades ou degrés qu'on ne pouvait franchir que fort difficilement, comme dans les Mystères d'Isis. Il fallait que le récipiendaire passât à la nage une grande étendue d'eau, qu'il traversât une fournaise formée de buissons ardents. Quant à l'expiation corporelle, elle se composait de jeûnes et de flagellations. La première demeure de l'aspirant était une grotte, espèce de tombeau où il vivait solitaire, dans les plus rigoureuses privations et dans la plus austère chasteté. Avant d'énumérer les conditions voulues pour franchir les différents grades de l'initiation magique aux mystères de Mithra, il est nécessaire de déterminer le rôle théurgique et thaumaturgique de l'esprit de lumière et de vie sur le corps et sur l'âme de l'homme ; car c'est d'après le caractère de sa nature que l'on jugera si l'aspirant a assez progressé dans le lumineux sentier de la perfection pour monter en grade, et que l'on calculera de combien de degrés il s'est rapproché de son Dieu. L'âme est unie au corps par un fluide très subtil, impondérable, sans siège particulier : c'est l'étincelle de la vie ; sa couleur, visible seulement pour les yeux de l'âme, est celle du feu ; son rayonnement est métallique, son éclat est *toujours en raison de la pureté, de la force de la vertu* ; sa nature est celle de l'électricité ; la moindre partie de ce fluide contient une fraction de toutes les autres, en sorte qu'il est l'essence qui individualise les hommes entre eux ; c'est le *mens* des Latins, la source du mouvement et de la vie. L'homme physique, l'homme moral, l'homme intellectuel, est contenu tout entier, réellement et en vérité, dans la moindre partie de cette quintessence vitale. Cette vérité a été de nos jours entrevue par les magnétiseurs, qui proclament qu'une mèche de cheveux remplace la présence du consultant dans les séances somnambuliques ; les physiciens ont compris que toute la science de l'avenir consistait à étudier les propriétés magiques de la lumière électrique ; ils ont tenté de l'utiliser dans le télégraphe, et soudain l'éclair est devenu le courrier de la pensée humaine. Les épreuves terminées, on conduisait l'aspirant dans un antre qui représentait le monde : le plafond était formé en dôme, peint en couleur azur pour simuler la voûte du firmament ; les astres étaient figurés par des étoiles ciselées en or : là, on le plongeait dans l'eau pour l'y purifier, puis un prêtre imprimait à son front une marque ineffaçable en prononçant des paroles mystérieuses ; ensuite, on lui présentait la pointe d'une épée et une couronne qu'on plaçait sur sa tête, et qu'il rejetait en disant « C'est Mithra qui est ma couronne. » En effet, toutes les initiations commencent par le renoncement aux honneurs de ce monde, car la vie de l'homme qui aspire au ciel doit être une mort perpétuelle. Il était alors déclaré soldat. Le second grade était celui de lion, dans lequel l'âme réduisait le corps en servitude. Le troisième, celui de prêtre, où on l'instruisait des doctrines cosmologiques et de toutes les sciences occultes et divinatoires. Le quatrième, de Perse, où l'aspirant étudiait toutes les lois sur lesquelles repose l'édifice social et religieux. Le cinquième, de Bromius, que l'on communiquait à ceux qui commençaient à être agités par les extases délirantes de l'esprit de prophétie. Le sixième, d'Élios, où l'âme vivifiée de l'aspirant commençait à rayonner dans le domaine du temps et de l'espace et à entrer en communication avec Dieu. Enfin celui de mage, où l'homme, possesseur de la puissance adamique, conversait avec la Divinité, était en rapport avec le monde des esprits et commandait en souverain à la nature, aux hommes et à lui-même. On comprend que le joug civilisateur de ces hommes dont le front avait l'auréole de lumière, les mains la puissance des miracles, les lèvres les paroles de la prophétie, était recherché avec empressement des peuples qui voyaient avec raison l'image vivante de Dieu sur la terre dans ces prêtres-rois.

Une remarque très importante à placer ici, c'est qu'à son premier grade l'aspirant franchissait une porte en plomb ; à son second une en étain ; à son troisième une en airain ; à son quatrième une en fer ; à son cinquième une en cuivre ; à son sixième une en argent ; à son septième une en or. C'est que toute la philosophie occulte nommée hermétisme tend à transformer le plomb en or, et que le but de l'initiation tend à transfigurer l'enfant des ténèbres, dont l'essence vitale a le terne rayonnement du plomb, en un enfant de lumière dont le fluide vital possède le pur rayonnement de l'or. C'est faute de ces connaissances que tant d'hommes se sont ruinés à distiller dans des cornues tous les éléments ou ingrédients imaginables. Cet élixir de longue vie, c'est l'épuration sous l'action sanctifiante de la lumière de la grâce de Dieu.

Le grand œuvre de régénération humaine qui sous nom de pierre philosophale, d'élixir de longue vie, de médecine universelle, d'or potable, de quintessence de feu interne, de souffle de Dieu, a passionné les plus sublimes génies de l'antiquité et du moyen-âge, n'est autre chose que la présence de Dieu en l'homme ; c'est sa grâce divine revêtant la chair humaine d'un vêtement d'incorruptibilité, défini par saint Paul une armure de lumière ; c'est son Esprit saint qui extrait l'âme du corps, et qui, suivant saint Benoît, amène l'homme à l'état angélique en transportant la vie de la chair en l'âme, être intérieur, infini, immortel ; enfin, c'est l'homme faisant rayonner de tout son être la lumière dorée d'un magnétisme divin qui éclaire les intelligences, vivifie les âmes, donne la santé au malade, touche les cœurs et crée un peuple de prophètes et de thaumaturges, qui lit l'avenir, éveille les morts de leur sommeil et commande en maître à la nature,

Ce qui distingue l'initiation de Mithra des autres initiations, c'est que, douée d'une parfaite connaissance des lois supérieures du monde surnaturel et de l'ordre spirituel de la grâce, elle se contentait, pour perfectionner l'homme, d'en épurer l'essence ; car elle avait compris que toute modification que l'on faisait subir à l'esprit de vie et de lumière, lien subtil entre le corps et l'âme, était transmise à l'homme lui-même, qui se trouve, en conséquence, participant des altérations subies ou des progrès acquis par la lumière vivifiante et créatrice de son essence individuelle ; tout leur système consistait en épurement et en divinisation de ce fluide quintessencié, qui transsubstantie l'homme. Il nous reste à examiner l'action transfiguratrice du sacrement (de *sacrare*, sanctifier, *mentem*, l'essence vitale) pour transmuer en l'homme le plomb brut en or brillant. Tout sacrement, dans l'ordre surnaturel, se compose d'esprit et de forme. Recherchons d'abord les conditions indispensables pour que l'esprit soit doué d'une vertu efficace et sanctifiante ; nous étudierons ensuite les diverses formes par lesquelles se transmet la faculté prophétique et la faculté thaumaturgique. L'homme est sans grâce dans ses mouvements, sans élégance dans sa tournure, sans charme dans la physionomie de son visage, sans inspiration dans ses discours, sans générosité dans ses sentiments jusqu'au jour où ses traits se sont épanouis, ses lèvres ont souri, son cœur a tressailli à la vue d'une femme. De même que les premiers rayons d'un soleil naissant, dans la solitude sablonneuse de l'Égypte, faisaient résonner mélodieusement la statue de Memnon ; de même aussi la lumière tendrement amoureuse qui s'échappe doucement de deux jolis yeux touche les fibres du cœur d'un jeune homme, et tire des sons d'une divine harmonie de cette harpe vivante ; car le souvenir ardent d'une apparition de femme qui a séduit les regards fait circuler le sang dans les veines avec un surcroît de noblesse et d'inspiration ; en son absence la mémoire retrace son portrait, l'enthousiasme de ses charmes s'empare du cerveau, le cœur plus vivant palpite avec passion, peu à peu on en arrive à désirer de toucher sa main, puis à souhaiter d'aspirer la parole qui coule avec un doux frémissement de ses lèvres aimées, enfin de fondre son être au sien ; mais un regard jeté sur cette créature en qui tout est charme, grâce et caresse, dit éloquemment qu'il lui faut se dépouiller de sa grossièreté sauvage pour éviter un monstrueux accouplement : alors l'homme brute, sous cette influence civilisatrice, se déniaise, se polit, se transforme, afin d'être digne de s'identifier en tout point avec l'ange que Dieu lui a envoyé pour modèle sous les traits d'une femme. Mais bien que la femme soit le premier guide qui nous conduise dans le chemin des cieux, il arrive cependant un moment où l'homme qui aspire à être dès ici-bas le tabernacle vivant de Dieu doit dire aux femmes le mot de Jésus à Marie-Madeleine après sa résurrection : *Noli me tangere*, gardez-vous de me toucher ; car la force divine qui épure l'essence vitale est un rayonnement de l'esprit même de Dieu, qui, se mêlant à l'essence humaine qui est la vie de chaque homme, l'exalte, l'épure, la sublimise, et, en divinisant cette quintessence formatrice, spiritualise divinement l'homme jusque dans sa postérité la plus reculée ; or, tout acte de génération matérialise l'esprit de vie en le portant en la chair, et en y mêlant, par infiltration contagieuse, l'essence féminine : en conséquence, si le mage avait été marié, au lieu de faire rayonner de ses membres l'esprit de Dieu, qui doit épurer l'esprit des aspirants, et en le sanctifiant en son essence les faire enfants de lumière, il aurait commis, en donnant sa bénédiction, les grossières jongleries d'un pantin qui, par ses gestes tracés dans le vide de l'air au-dessus des têtes, verserait dans les membres des aspirants, à la place de l'esprit saint, son essence mélangée de celle de son épouse. Pour les bénédictions et onctions, la chasteté est indispensable au mage ; elle l'est encore davantage pour administrer les autres sacrements de l'initiation dans la sanctification de l'essence vitale. Les mages n'oubliaient pas l'influence médiate et puissante de la nourriture, une des sources où s'alimente la vie : aussi, ces mages, vieillards blanchis dans la contemplation et la prière, qui évitaient jusqu'au contact de la femme pour éviter d'altérer l'esprit de Dieu, qui avait choisi leurs membres pour temple, infiltraient leur vie divine dans le pain de l'aspirant, et mêlaient au vin qu'il buvait le souffle saint et vivifiant de leurs lèvres bénies, en sorte que l'aspirant, nourri d'aliments imprégnés de la vie spirituelle de la grâce, sentait la substance de son être se diviniser : c'est ainsi que l'initiation magique aux mystères de Mithra formait les mages, les prophètes, les thaumaturges, par une vie de régénération qui renouvelait l'homme déchu en Dieu et par Dieu.

Au fronton de leur temple, les mages avaient résumé leur doctrine par un symbole expressif que les savants qui visitent ces antiques contrées retrouvent sculpté sur une pierre inaltérable à l'action du temps, comme la vérité qu'elle représente aux yeux ravis. Ce mythe porte le nom de taurobole. On y voit un jeune guerrier le front coiffé d'un bonnet phrygien, qui, les traits inspirés d'un sublime courage, terrasse un taureau et plonge un couteau en son cœur saignant ; devant lui se tient un homme portant une torche ardente élevée : ceux qui ont lu ce que nous avons déjà écrit sur l'esprit des initiations de l'antique Orient verront avec nous, dans ce jeune guerrier, l'initié quittant le monde des ténèbres symbolisé par la grotte sombre qui est derrière lui, terrassant, par la mortification, sa chair symbolisée par le taureau, afin d'arriver à la lumière supra-intelligible de la grâce figurée par la torche ardente qu'un homme tient élevée devant lui. Ce symbole, d'une haute portée philosophique, se retrouve vivant dans toutes les religions de l'Antiquité, car tous les instituteurs des cultes antiques, étant des initiés aux mystères magiques, firent de l'immolation des animaux vivants sur l'autel de la Divinité la cérémonie principale de leur révélation religieuse : aussi, le sacrifice sanglant du taureau symbolisa celui de la chair dans le monde entier, jusqu'aux jours où les mages, que toute l'antiquité savante et religieuse était venue pieusement consulter comme les oracles de Dieu lui-même, prirent à leur tour le bâton du pèlerin et s'en allèrent, l'âme illuminée par l'éclat divin de celui qui devait être la lumière du monde, faire succéder l'esprit à la lettre, la réalité au symbole, mettre fin au sacrifice ancien en le remplaçant par le sacrifice nouveau, où, en livrant volontairement son corps à l'immolation de la croix, il montra au monde que l'homme devait être à la fois sacrificateur et la victime du sacrifice.

Les mages traversèrent les contrées de l'Orient, et les peuples se pressèrent avec vénération sur leur passage ; mais, parvenus à Jérusalem, il leur arriva un fait malheureusement trop naturel dans l'ordre de la grâce : à peine se trouvèrent-ils au milieu de cette société aux instincts vénals et simoniaques, aux cœurs hypocrites, à l'intelligence sceptique, que la lumière qui les avait guidés jusque là disparut sous les nuages de cette atmosphère corrompue et incroyante. Ils se rendirent alors chez Hérode. Ce prince, quoique ambitieux et cruel, les reçut avec honneur, ne les railla pas comme feraient les puissants de ce siècle si des hommes inspirés de Dieu se présentaient devant eux ; il crut en leurs paroles et les engagea à revenir en son palais quand ils auraient trouvé le Messie promis aux nations, afin qu'il pût aller l'adorer à son tour. À peine eurent-ils quitté le palais de ce prince, que l'histoire a surnommé Hérode-le-*Grand*, et qui, à notre sens, ne fut grand que par ses crimes, et gagné la campagne, que la lumière divine éclaire de nouveau leur âme et indique à leur regard l'enfant Jésus, couché dans une crèche : ils se prosternèrent et remirent en ses mains le sceptre de la puissance religieuse, qu'ils avaient maintenu pur et intact, symbolisé par ces trois présents : encens, myrrhe et or. En effet, le but de l'initiation magique était triple : élever l'âme vers Dieu comme l'encens, afin de la faire converser avec lui ; amener l'esprit vital à la pureté rayonnante de l'or ; enfin embaumer la chair mortelle et corrompue d'une myrrhe incorruptible, qui la garde et la conserve immortelle dans le temps et dans l'éternité.

INITIATION AUX MYSTÈRES CHRÉTIENS
DANS LES CATACOMBES DE ROME

> Le signe de reconnaissance des chrétiens était le signe de croix, le *Credo* leur mot de passe.

Tout mystère, comme l'indique la racine étymologique de ce mot, est un voile étendu entre l'homme et son Dieu. Le devoir de la créature sur la terre étant de connaître, d'aimer, de servir Dieu, et, par ce moyen, d'obtenir la vie éternelle, il nous semble nécessaire d'étudier les armes mises par la religion à la disposition de l'humanité déçue, pour l'aider à renverser tous les obstacles, et à mettre en lambeaux tous les voiles qui se dressent entre elle et le but immortel auquel elle est appelée.

Il y a un ancien axiome philosophique qui proclame qu'il est géométriquement impossible que le fini puisse comprendre l'infini ; partant, que l'homme fini puisse comprendre Dieu qui est l'infini : cela est mathématiquement vrai ; l'objection est sérieuse ; nous relevons seulement le gant du défi que l'incroyance vient de jeter dans l'arène depuis longtemps : nous désirons sentir sous nos pieds un solide terrain et avoir en face un vigoureux lutteur et l'humanité pour spectatrice intéressée d'un combat entre l'idée religieuse et l'idée philosophique du XIXe siècle. Prenant pour base de notre réfutation cette vérité, que l'homme fini ne peut comprendre Dieu qui est infini, nous allons montrer les procédés employés par les instituteurs des cultes, dans leur intuition sublime, pour mettre l'homme en possession de la vérité éternelle. Le premier, nommé révélation, revoile Dieu et les vérités traditionnelles sous des mythes, des emblèmes, des allégories, des symboles finis et matériels, qui rendent la vérité visible au sens fini de l'homme ; le second, l'initiation, dépouille l'homme de ses organes matériels, vivifie en lui, à l'aide du principe lumineux et divin de la grâce, l'être intérieur nommé âme, qui, en vertu de sa nature immatérielle, infinie, peut connaître Dieu.

Dans ce chapitre, nous traiterons la plus importante question qui puisse préoccuper l'esprit humain, en montrant comment l'initiation chrétienne, dont on retrouve les vestiges dans le culte catholique, déchirait le voile des sens qui fait de Dieu un mystère pour l'homme, et donnait à l'âme la lumière de la grâce, afin qu'après la mort du corps, elle volât, animée d'une vie divine, vers les béatitudes des cieux.

Nous avons assisté à l'aurore de la création, à la dégradation originelle de l'homme physique ; nous en avons signalé les caractères principaux, qui sont la matérialisation, la prédominance animale de la chair sur l'âme. Nous avons visité les temples de l'antique Orient, écoles où étudièrent tous les fondateurs de religions, aigles dont l'œil perçait le voile des mystères, contemplait l'éblouissante lumière de la vérité, et qui instituaient des cultes qui civilisaient des empires pendant des milliers d'années. L'imagination s'arrête effrayée en présence de ces grandes figures ; car, régner pendant des siècles sur l'intelligence des peuples, demeurer vivant dans leur cœur, est, selon nous, le plus grand triomphe de l'homme ici-bas. Maintenant, nous voici en présence de la douce et bien-aimée figure du Fils de Dieu. Si, parfois, sous notre plume, les expressions semblent empreintes de la plus onctueuse tendresse, c'est que ce Dieu, mort crucifié, est éternellement présent en nous par la grâce de sa parole, qui donne à notre âme les plus douces jouissances, les plus indicibles voluptés, avant-goût de l'infinie félicité du ciel. Dieu, voulant donner les mœurs d'un Dieu en spectacle à l'univers, s'incarna dans le sein d'une Vierge. Sa vie est un vivant symbole des devoirs de l'homme sur la terre : en suivant la trace bénie de ses pieds, on arrive à l'immortalité ; mais cette trace est un chemin de sang. Dieu, qui nous a créés sans nous, ne nous rachète pas sans nous. Voyons ce qu'il a fait de son corps matériel : il l'a exposé au froid dans une crèche, l'a sevré de nourriture au désert pendant quarante jours ; l'a laissé flageller, couvrir de crachats et de soufflets. Homme aux pieds et aux mains percés de clous, dont la tête est déchirée par une couronne d'épines, dont le flanc est troué ;

cadavre pendu à une croix, qui es-tu ? Je suis le corps dont le Christ s'est dépouillé pour inviter l'humanité à l'imiter. Sculpté en bois, en ivoire, en argent, je suis la croix du Rédempteur, placée en tout lieu, sous toutes les latitudes, pour révéler quels procédés terribles le Christ nous a apportés pour nous délivrer du péché et ressusciter dans la gloire.

Nous avons indiqué parmi les plus funestes résultats de la dégradation originelle la décomposition physique de la substance humaine, source des maladies et de la mort, puis la révolte anarchique de la nature entière contre l'homme déchu. Dieu ayant envoyé son Fils pour opérer ici-bas l'œuvre de la Rédemption, chaque acte de cet Homme-Dieu sera une victoire sur les éléments soulevés contre la domination humaine, un triomphe remporté sur les infirmités, les maladies et la mort. Aussi, en suivant d'un regard attentif toutes ses actions, l'humanité apprendra à reprendre possession de tous les droits et prérogatives que le péché lui a enlevés en la frappant au front d'un signe de servitude.

Les pieds du Christ marchent sur les flots soulevés de la mer ; son geste calme la furie des tempêtes, sa voix commande aux sépulcres et les force à lâcher leur proie ; sa main touche les paupières, et les yeux des aveugles s'ouvrent à la lumière ; de son front rayonne une lumière divine qui dissipe les ténèbres de la maladie ; de ses lèvres s'échappe un souffle qui charme et persuade les intelligences. L'onction de son regard touche les âmes, change les cœurs et convie à marcher à sa suite dans le chemin du Ciel. Cette puissance thaumaturgique que le Christ est venu rendre à l'homme qui l'avait perdue, nous la retrouvons chez tous les hommes qui ont marché à la suite de Jésus. L'histoire les a nommés saints, car l'ombre de leur personne suffisait pour rendre l'infirme à la santé, le cadavre à la vie : cette puissance appartient à l'homme. Si nos pères s'en sont laissé dépouiller, comme jadis Samson se laissa enlever sa force quand il dormait, la tête sur les seins enivrants de la belle Dalila, c'est à nous qu'il appartient de la reconquérir ; l'Évangile sera notre carte routière, la grâce de Dieu notre armure lumineuse ; le cœur haut, déployant sûrement notre étendard, nous marcherons vaillamment à la conquête du royaume de Dieu.

Nous avons démontré que le péché originel, en brisant l'harmonie sociale, avait fait d'un frère l'assassin de son frère. Aussi, l'un des caractères les plus horribles du bestialisme humain, c'est la *volupté du sang*, dernière dégradation qui, à la fin du XVIIe siècle, a trouvé un chantre et un apôtre dans la personne fangeuse du marquis de Sade, qui en a célébré les attraits dans Justine, livre infâme, écrit dans un délire obscène par une bête féroce. L'univers blasé avait atteint les limites les plus reculées de la plus raffinée débauche ; le patricien engraissait avec la chair de ses esclaves les poissons que l'on devait servir sur sa table ; il y avait des hommes qu'on dressait au combat des cirques ; les gladiateurs, souvent fils de la même patrie, s'égorgeaient en présence des dames et du peuple romain, afin de galvaniser et faire tressaillir, au contact frémissant d'une agitation fébrile, les nerfs distendus de leurs sens excités par la vue enivrante du sang qui s'échappait en flots rouges d'une blessure cruelle. Voilà quels étaient les rapports des hommes entre eux, quand Jésus-Christ vint rétablir les liens rompus de la fraternité humaine, et substituer l'harmonie à l'anarchie dévorante qui, en peu de temps, aurait étouffé l'humanité dans une boue sanglante.

Avant la venue du Christ, la richesse, la beauté, le pouvoir recevaient seuls l'encens des hommes, mais Jésus, jetant un regard de dédaigneux mépris sur ces divinités de l'ancien monde, résolut de présenter aux adorations de l'humanité la pauvreté ; non content d'avoir courageusement choisi la position sociale la plus humble, il tourna ses regards émus vers les opprimés, les affamés, les mendiants, les lépreux, les paralytiques, les possédés ; en un mot, vers la multitude des gens sans gîte, sans argent, sans habits : il les appela du doux nom de frères, et proclama son indicible tendresse pour eux en ces termes : « Tout ce que vous ferez au plus petit d'entre ces hommes, c'est à moi que vous le ferez. » Parole sublime qui a mis au monde les fondements évangéliques, et qui a fait aimer Jésus dans le pauvre : aussi, quand nous voyons des hommes se dire chrétiens et conserver un sourire d'ironie satanique en présence des plaies saignantes de l'humanité, notre cœur, plein d'affectueuse tendresse pour Jésus, s'indigne en voyant le génie du mal prendre le titre auguste de catholique pour tuer la croyance en l'âme du peuple, en lui prouvant que le cœur enflammé du Christ ne bat plus dans la poitrine, et que sa grâce ne luit plus dans le regard de ceux qui se disent ses disciples.

L'homme, suivant le chemin du mal, avait atteint le dernier degré de férocité ; l'œil ardent, les joues brûlantes, la lèvre frémissante, il tenait fixement collées sa vue et son attention sur le sang répandu, afin de donner à ses sens blasés une volupté dernière : aussi, le Christ, ne pouvant faire pénétrer directement en son âme le rayon lumineux de la vérité, eut recours aux paraboles, et parlant à des hommes doués de sens finis, il frappa leurs yeux par des images empruntées à la nature qui l'entourait. Outre ses paroles, qui contiennent cachés sous le voile du symbole les moyens de se délivrer de l'esclavage du péché, de reconquérir la puissance adamique et de ressusciter dans la gloire, sa vie est un symbole vivant : aussi, tous ceux qui marcheront sur les traces laissées sur la terre par ses pieds immortels arriveront au royaume de Dieu.

Dans les initiations précédentes, nous avons vu l'homme descendre volontairement dans un tombeau souterrain, se dépouiller de l'enveloppe matérielle des organes, y vivifier son âme par la lumière de la grâce, et en sortir régénéré vêtu du blanc habit de l'initié. Le Christ avait, par sa mort, sa sépulture, sa résurrection, rendu l'initiation publique. Son dernier soupir avait déchiré le voile du temple : aussi le christianisme fut-il l'initiation du genre humain tout entier à la vérité. Les premiers apôtres arrivèrent à la vérité par un *coup de la grâce* ; le jour de la Pentecôte, l'Esprit de Dieu, qui est si difficile à obtenir, descendit en gerbe de feu sur leur tête, et les sacra hiérophantes, mages et prophètes. Possesseurs de la vérité, ils prirent en main le bâton des pèlerins, se rendirent à Rome, où était alors la tête du monde, et établirent dans les Catacombes un temple d'initiation, volcan terrible qui devait faire éclater dans les airs les débris mutilés du monde païen.

Les Égyptiens et les Assyriens n'ont pas seulement transmis leurs institutions aux peuples païens, ils en ont doté, suivant l'opinion profondément juste des Pères de l'Église, le peuple Hébreu ; et lorsque nous voyons Moïse enlever à l'Égypte les vases sacrés qui servaient au culte d'Isis, il est nécessaire d'en conclure que, non content de transporter sur le sol de Judée le symbole extérieur de l'initiation égyptienne, il y transportait aussi en son cœur l'inébranlable résolution d'y construire un tabernacle inaccessible au vulgaire, rappelant la pyramide de Memphis où il avait reçu la lumière de la vérité et devant servir de modèle au temple qui, sous la direction d'Hiram, architecte tyrien, devait, d'après l'ordre de Salomon, s'élever en l'honneur du vrai Dieu.

L'Esprit de Dieu, en reposant sur la tête des apôtres assemblés, avait en un instant fait tomber l'écaille qui voilait à leurs yeux la vérité traditionnelle ; ces fils de la vérité se servirent du mode le plus simple pour la répandre, en instituant une série de grades semblables à ceux de l'initiation des païens ; en en parlant, saint Clément d'Alexandrie, s'écrie : « O mystères véritablement sacrés ! ô lumière pure ! à la lueur de tes flambeaux tombe le voile qui couvre Dieu et le Ciel ; je deviens *saint* dès que je suis *initié*. »

Les premières assemblées chrétiennes étaient secrètes ; on n'y était admis que moyennant certaines conditions déterminées ; on n'y arrivait à la connaissance complète de la doctrine, qu'en franchissant trois degrés d'instruction ; de là trois classes : la première, celle des auditeurs ; la seconde, celle des catéchumènes ; la troisième celle des fidèles ou chrétiens. Les difficultés pour monter en grade étaient vraiment surhumaines, et à moins de circonstances particulières, on ne pouvait parvenir au grade de chrétien qu'après sept années passées dans les jeûnes, les mortifications et l'étude des Écritures. Les auditeurs, dans un noviciat rigoureux, apprenaient à renoncer au monde, à commander à leurs passions et à se rendre dignes du bienfait de la vérité, les catéchumènes étaient instruits des dogmes, de la morale, et assistaient à la messe depuis le commencement jusqu'à la récitation du symbole, au moment où le diacre, se tournant vers eux, disait à haute voix : *Sancta sanctis, foras canes*, les choses saintes sont pour les saints, dehors les chiens. Quant aux chrétiens, ils étaient admis à la célébration des augustes mystères et recevaient les sacrements destinés à les sanctifier, en fixant en leur âme l'esprit de lumière et de vie. Ils avaient un signe de reconnaissance, nommé *signe de croix*, qui consistait à tracer une croix avec le pouce sur le front, les lèvres et l'estomac : tout l'esprit de la rédemption est dans ce signe ; Adam a dégradé l'humanité en exaltant sa raison, ses sens, ses appétits aux dépens de son âme.

Le christianisme la rétablit en sa dignité primitive en crucifiant la raison par la soumission, la concupiscence par la chasteté, la gourmandise par le jeûne.

Les traditions les plus reculées font mention de la déchéance de l'homme et de sa matérialisation qui, sous le nom de péché originel, l'a revêtu d'organes matériels et charnels sujets à la corruption et à la mort, qu'il a transmise immuablement à sa postérité. Cette vérité, une fois admise, on comprend bien que l'immolation de l'homme charnel sous le régime de mortification soit le principe fondamental de la religion. Dans le culte païen, elle était symbolisée par le sacrifice des taureaux couronnés de fleurs et parés de bandelettes, en l'honneur de Jupiter ; dans le christianisme, par la mort du Fils de Dieu, se dépouillant au sépulcre de son corps mortel, et remontant glorieusement transfiguré, pour aller s'asseoir à la droite du père, au sein de la béatitude éternelle. Avant d'admettre l'aspirant aux épreuves si difficiles de l'initiation chrétienne, un diacre lui montrait le crucifix, lui apprenait qu'il avait en lui un être intérieur d'une nature angélique, nommé *âme*, qu'il devait énergiquement travailler à délivrer de l'esclavage du péché, en la dépouillant de ce corps de mort, *corporis hujus mortis* par le jeûne, la prière et la mortification ; il ajoutait : que pour comprendre et goûter les vérités dogmatiques qui devaient lui être communiquées dans le cours de l'initiation, il fallait les yeux et les oreilles immatériels de l'âme vivante en Dieu. Quand le récipiendaire avait accepté de laisser crucifier son corps avec le Christ, afin de ressusciter avec lui, de mourir au monde, à ses plaisirs et ses honneurs, afin qu'enfant de ténèbres il soit fait enfant de lumière, on le faisait renoncer, par écrit, à ses biens, qui devenaient le patrimoine de l'Église, c'est-à-dire de tous les chrétiens.

Pour régler le genre d'expiation auquel on devait le soumettre, comme dans les mystères d'Isis, on lui demandait un aveu public de ses fautes, crimes et tendances vicieuses, afin de le guider, en lui indiquant les moyens de les combattre jusqu'à ce qu'il les eût complètement terrassés. L'homme devint tout à la fois sacrificateur et victime. Ce fut sa propre main qui flagella sa chair et la revêtit d'une chemise de crin ; c'est sa volonté qui la roula sur un lit d'épines, et de macération en macération finit par l'ensevelir dans le linceul du Dieu crucifié. Voyez cet homme aux formes allongées, aux membres décharnés, dont les traits nous rappellent la pâleur glacée du Christ expirant. C'est l'homme nouveau, c'est le chrétien ; cette lumière douce et pure qui angélise ses traits, c'est l'auréole de la sainteté. Il a jeûné, souffert, saigné avec Jésus-Christ ; il est assuré de ressusciter avec lui. Cette partie fondamentale des sept années de pénitence a été remplacée dans le christianisme moderne par les *indulgences*. On comprend que le corps est moins amaigri quand on fait le chemin de la croix à la manière des dévotes modernes, que lorsqu'on le faisait en jeûnant, en priant, en saignant, durant plusieurs années, jusqu'au jour où la chair domptée, affaiblie par les flots de sang qu'elle avait versés, laissait l'âme s'échapper de ses liens terribles et entrer en rapport avec Dieu. On retrouve encore des traces de jeûne dans le christianisme, seulement on en exempte toutes les personnes dont la santé pourrait en souffrir ; tandis que les chrétiens des Catacombes développaient en eux la souffrance, la pauvreté, comme des auxiliaires qui, en usant leur chair, les approchaient de Dieu. Mourir, pour eux, c'était renaître.

Il est inutile de nous étendre sur l'utilité, qui ne saurait être mise en doute par personne, de cacher aux yeux des profanes les hauts mystères dogmatiques qui sont la base et le fondement de toutes les religions, car ces hautes vérités peuvent devenir des armes dangereuses dans les mains des hommes ambitieux et d'une moralité douteuse qui ont intérêt au renversement de l'ordre social ; ce serait de plus exposer ces enseignements sublimes à être stupidement ridiculisés par les intelligences trop étroites pour les comprendre ; enfin, tout cœur qui a le sentiment du surnaturel conçoit que communiquer aux hommes *profanes* la grâce, c'est la *profaner* par le plus infâme des sacrilèges. Nous voyons dans l'histoire de l'Église que sous la persécution de Dioclétien, des chrétiens ayant livré aux magistrats leurs livres sacrés, ils furent chassés de la communion des fidèles et considérés comme des traîtres et des apostats. L'on ne pouvait pénétrer dans les assemblées des fidèles qu'en faisant le signe de croix et en récitant comme mot de passe le *Credo*, que l'on dit encore de nos jours à la messe. Le christianisme, comme toutes les autres initiations, n'a qu'un seul but : tuer par l'expiation en l'homme le péché, cette bête qui, semblable à l'hydre de la Fable, a sept têtes altérées de sang qui renaissent toujours, et nourrir et vivifier par la lumière divine de la grâce l'ange intérieur qui est l'âme de l'homme. Les aspirants portent le nom de *profanes*, mot qui signifie : hors la lumière ; les fidèles, celui de *chrétiens*, qui signifie : oint de l'esprit de Dieu, éclairé de sa lumière. Les caractères auxquels on reconnaît qu'un homme a en lui une âme qui dès ici-bas vit en Dieu, ou qu'il est chrétien, sont parfaitement définis à la fin de l'évangile de saint Marc par ces paroles de notre Sauveur et Maître Jésus-Christ : « Voici les miracles que feront ceux qui auront cru : ils manieront les serpents ; s'ils boivent quelque breuvage, il ne leur fera point de mal ; ils imposeront les mains sur les malades, et les malades seront guéris ; car l'homme rétabli dans sa dignité primitive dissipe les ténèbres du mal qui rendent les serpents venimeux, les herbes vénéneuses, les hommes malades, par le rayonnement céleste de sa vie épurée par la présence réelle de Dieu, qui, en habitant en l'homme, le rend tout-puissant au ciel, sur la terre et dans les enfers » : c'est persuadée de cela que dans une très parfaite confraternité d'idées avec nous la cour de Rome exige trois miracles pour proposer un homme comme saint à la vénération des fidèles.

L'esprit de Dieu communiqué dans l'initiation a produit un grand nombre de prophètes, de thaumaturges : le chemin qu'on y suivait à la suite du Christ était une voie douloureuse ; mais du moins la vue des miracles et des prodiges opérés par ceux qui l'avaient suivi et étaient déjà arrivés à Dieu donnait un nouveau courage à ceux qui, comme Jésus sous le poids de sa croix, ensanglantaient leurs genoux aux cailloux du Calvaire, en leur prouvant qu'ils étaient réellement dans le chemin du ciel.

Quand le christianisme devint une religion publique, il revoila sous les symboles, les allégories et les cérémonies du culte, les vérités primordiales, et ouvrit à toutes les nations le chemin du royaume de Dieu. Le culte catholique n'est pas l'œuvre des hommes, mais des âmes éclairées de cet esprit de Dieu qui étend sous le regard inspiré du prophète la longue série des siècles futurs ; en sorte que leurs yeux, perçant les voiles de l'avenir, mesuraient à l'avance les progrès que chaque institution établie par eux ferait accomplir à l'humanité dans la voie qui conduit aux cieux. Partant de cette idée profondément juste que le temps de la vie a été donné à l'homme pour mourir au péché et ressusciter à la grâce, ou mieux mortifier le corps et vivifier l'âme, comme dans les mystères d'Isis, tout le culte chrétien se sépara en deux parties, l'*expiation* et l'*évocation*.

Le culte chrétien s'empara du temps et divisa l'année en semaines de sept jours sûr lesquels deux, vendredi et samedi, furent consacrés à la mortification, et un, le dimanche, à l'évocation ; en outre, un jour d'évocation, précédé d'un temps de mortification, fut destiné à célébrer la fête anniversaire des principaux actes de la vie de Jésus-Christ ; on fit précéder de quarante jours de mortification le jour de Pâques, où toutes les âmes évoquées doivent sortir victorieuses du sépulcre de la chair. Jésus avait choisi le vendredi, jour dédié à Vénus et employé aux jouissances de la chair, pour le consacrer par sa mort et en faire un jour de souffrance, afin que, par un contraste sublime, le jour où le monde païen avait versé son sang dans les jouissances bestiales de la débauche, le monde chrétien le versât dans les voluptés ineffables du sacrifice. Animée d'un même esprit, l'Église a placé les quarante jours du Carême à l'époque où la chair, embrasée d'un souffle de feu, sent s'éveiller en elle les plus impérieux désirs des sens.

La mortification chrétienne se compose de jeûnes qui sèvrent la chair de nourriture, de flagellations qui la déchirent, de macérations qui l'exténuent, de vêtements grossiers qui l'usent ; en un mot, de tout ce luxe inouï de supplices et de tortures qu'on retrouve dans la vie des Pères du Désert, qui s'en allaient s'enfouir dans la solitude afin d'y dompter leur corps, d'y châtier leurs sens, de mater et réduire en servitude leur chair toujours en lutte avec l'âme. Dans le catholicisme, la forme des églises envahit les yeux ; les chants, les oreilles ;

l'encens, l'odorat, pour faire pénétrer par la voie des sens l'esprit de Dieu jusqu'à l'âme qu'il évoque. L'âme évoquée reçoit la vie de la grâce des mains des prêtres qui la lui distribuent dans leurs bénédictions, leur onction, et dans les sacrements qui en sont les canaux.

Un jour saint Jean, ravi en extase, aperçut dans les airs une femme ayant les étoiles pour couronne, le soleil pour vêtement et la lune pour marchepied. Cette femme, c'est l'Église ; de ses entrailles bénies sortiront les enfants de lumière qui feront rayonner sur le monde soumis les splendeurs lumineuses de l'éternelle vérité.

INITIATION AUX MYSTÈRES DES CHEVALIERS DU TEMPLE

> La terreur extrême que la femme a toujours inspirée aux écrivains mystiques a sa source dans la connaissance qu'ils avaient de la toute-puissance charmeresse que Dieu a mise dans le regard et le sourire de cette délicate créature.
>
> La chevalerie c'est l'esprit de l'Évangile armé de foi à l'intérieur, de fer à l'extérieur ; l'inquisition, c'est la cruauté dans la tyrannie.

Toutes les sociétés mystérieuses qui ont préparé dans leur domaine invisible l'avènement du règne de Dieu sur la terre croyaient à la même tradition, étaient inspirées du même esprit, avaient recherché et reçu la même lumière. Saint Paul, celui de tous les écrivains qui parle à notre âme le langage le plus vrai et le plus éloquent, a admirablement bien compris que la lumière de Dieu opérait diversement suivant les individus qui la recevaient : aussi formule-t-il en ces termes cette pensée : « Il y a diversité de grâce, mais il n'y a qu'un même esprit ; il y a diversité de ministère, mais il n'y a qu'un même Seigneur ; il y a diversité d'opération surnaturelle, mais il n'y a qu'un même Dieu qui opère en tout. » Ainsi, la lumière communiquée dans les sanctuaires d'Isis formait des révélateurs, des législateurs sacrés, des instituteurs de culte parlant le langage de la sagesse éternelle ; cette même lumière, communiquée dans les sanctuaires de Mithra, formait des mages prophètes, dont l'œil voyait l'avenir, dont les mains opéraient des prodiges. Cette lumière, communiquée dans les Catacombes, formait des saints puissants en miracles, et des apôtres doués du don des langues, des docteurs doués de l'interprétation des Écritures ; de même que parmi les enfants de la terre tous exercent des états différents, de même aussi, parmi les enfants de lumière, tous sont doués par le Saint-Esprit de dons différents, suivant les besoins du monde social. Aussi, le même apôtre énumère-t-il en ces termes les différents dons du Saint-Esprit « L'un reçoit du Saint-Esprit le don de parler dans une haute sagesse, un autre reçoit le don de parler avec science, celui-ci le don des miracles, un autre le don des prophéties, un autre le don de parler plusieurs langues, un autre l'interprétation des livres sacrés. » De même que la réunion des différents organes sont nécessaires à la vie du corps, de même ces différents dons sont indispensables à la grande famille des fils de l'éternité, répandue par tout l'univers depuis le commencement du monde ; prophètes, thaumaturges, mages, sibylles, révélateurs, législateurs sacrés, saints martyrs, apôtres, docteurs, ont tous été sacrés dans la même lumière ; seulement l'Esprit de Dieu a opéré diversement suivant les besoins de l'Église catholique, car chacun d'eux a eu la gloire d'être un membre de ce corps divin, une colonne de cet édifice sacré. Nous avons démontré que dans le paganisme la lumière faisait de l'homme un héros ; dans le christianisme elle en faisait un chevalier.

Nous avons, dans nos précédents ouvrages, démontré que l'homme, en s'unissant à la femme, devenait participant du charme, de l'élégance, de la distinction, qualités que Dieu a données en partage à cette douce créature, avec mission de les communiquer aux hommes. Si au contact amoureux de la femme l'homme acquiert la grâce, au contact du cheval il acquiert nécessairement la noblesse qui distingue ce généreux animal : en conséquence, chevalier, homme élevé sous la double influence de la femme et du cheval, unira en sa courageuse personne la grâce de la femme à la noblesse du cheval ; mais ce qui mérite à cet ordre une place dans ce recueil, ce n'est, on le comprend, ni la grâce des manières, ni l'élégance de la tournure, ni même leur courage extrême, mais cette lumière qu'ils recevaient dans les initiations et qui les portèrent à sacrifier avec bonheur leur vie pour la défense du faible et de l'opprimé, qu'ils savaient être des enfants bien-aimés de Dieu. La nature de ce livre nous force à laisser de côté la chevalerie, pour nous occuper des chevaliers du Temple : qu'il nous soit cependant permis de saluer avec reconnaissance cette institution qui a élevé si haut le nom chrétien, et qui a été ici-bas l'héroïsme armé de foi à l'intérieur, de fer à l'extérieur ; c'est de ses flancs qu'est sortie la noblesse, classe première née de la civilisation, placée sur les sommets élevés de l'ordre social ; c'est d'elle que le peuple attend la lumière : nous la convions à descendre dans la vie active ; qu'elle combatte pour la liberté ; qu'elle ait, comme ses ancêtres des entrailles de frère pour toutes les souffrances ; enfin, que, comme l'un de ses membres. Arthur de la Guéronnière, saisissant la plume, l'arme de la civilisation moderne, ses fils tentent dans le monde social des idées ce que leurs pères tentaient dans le monde social des faits, et que, se mettant à la tête des masses populaires, ils les conduisent dans la voie du progrès, et travaillent à fermer le livre taché de sang des révolutions par l'avènement de tous à la lumière et au bonheur.

Le christianisme faisait pénétrer la vérité dans le cœur des masses au moyen de sa sublime révélation, quant à l'initiation des temps primitifs des hommes à l'intelligence intuitive comme saint Benoît, et au cœur passionné du grand amour de Dieu comme saint Bernard l'avait recueilli dans des monastères : aussi les cloîtres étaient-ils devenus de véritables sanctuaires d'où sortaient une pépinière d'hommes au front desquels rayonnait l'auréole de la sainteté. Quand le cimeterre de Mahomet eut conquis les riches contrées de l'Orient, au lieu de le remettre dans le fourreau, la main qui l'étreignait avec fanatisme résolut d'en diriger la pointe terrible contre la poitrine de l'Europe chrétienne : au cri de défi jeté par le croissant à la croix, répondit le rugissement formidable de l'Occident catholique, qui, comme un lion, bondit et s'élança sur Jérusalem au cri de : *Dieu le veut !* Il y avait une foi ardente dans ces mains de guerriers déchirant des lambeaux d'étoffe rouges et en faisant des croix qu'ils attachaient sur leur cœur pour lui apprendre à ne battre que pour Jésus-Christ, dans ces chevaliers quittant leurs familles, dans la terre se dégarnissant pour couvrir la mer, dans tout ce peuple émigrant de l'autre côté du monde ! Le choc fut terrible. L'œil fixé sur ces grandes, luttes de l'Occident armé contre l'Orient, aujourd'hui que le regard n'est plus troublé par les bannières qui flottent, par les casques qui oscillent vers les turbans, par la poussière que soulèvent les pieds des chevaux, par les flots de sang qui rougissent la terre, que les oreilles ne sont plus étourdies par le cliquetis des armes, les cris des blessés et le râle des morts, nous voyons s'élever un spectre sacré, de son front soulever la pierre de son sépulcre, et drapé dans un blanc linceul, ayant pour étendard la croix, nous apprendre de sa voix divine que les croisades furent la lutte, non du christianisme contre le mahométisme, mais de l'âme contre l'oppression de la chair : aussi plaçons un moment les croisades après la renaissante époque où l'âme fut de nouveau soumise à l'empire des sens, et au lieu d'un grand acte d'héroïsme, vous n'aurez plus que le choc barbare de deux ambitions terrestres. L'initiation, qui de tout temps a été l'empire de l'âme puisant sa souveraineté en la lumière de Dieu, dut avoir ses représentants aux croisades ; saint Bernard, de la même plume qui commentait le Cantique des cantiques, avait écrit la règle des chevaliers du Temple, qu'il avait lancés sur l'Orient en leur disant : « Allez, heureux et paisibles ; chassez d'un cœur intrépide les ennemis de la croix du Christ ; la vie ni la mort ne pourront vous mettre hors l'amour de Dieu qui est en Jésus ; en tous périls, redites-vous cette parole : Vivants ou morts, nous sommes au Seigneur : glorieux les vainqueurs, heureux les martyrs ! » L'héroïsme est contagieux, surtout quand il coule de flamme d'un cœur croyant ; par les lèvres inspirées d'un saint Bernard, il enivra l'âme de ces soldats du Christ, et à l'avant-garde des croisés l'œil s'arrêtait avec confiance sur le blanc manteau du chevalier du Temple, où se détachait une croix rouge.

Étudions les détails secrets de l'initiation mystérieuse de ces chevaliers.

L'ordre des Templiers se rattachait à l'institution de la chevalerie par le nom des trois grades, qui étaient : page, écuyer et chevalier ; mais tandis que le but de la chevalerie était borné à la défense de l'opprimé, celui des chevaliers du Temple ne tendait rien moins qu'à reconstruire l'édifice social et religieux. Aussi tous les Templiers étaient chevaliers, tandis que tous les chevaliers n'étaient pas Templiers. L'éducation du page était confiée à quelque dame renommée par son esprit, sa politesse, qui inspirait à son cœur l'amour du vrai et du beau, le culte de Dieu et des femmes, en offrant à ses yeux l'image vivante de toutes les vertus qui conviennent à un chevalier chrétien : cette idée de confier le jeune homme à la femme était aussi gracieuse que profonde, car sa main plus légère et plus douce peut dompter sans effort la fougue d'une fringante jeunesse et dresser aux grandes choses ce bouillant coursier sans mettre en sang sa bouche fine et délicate, ni éteindre en lui le feu ardent qui fait flotter ses crins au vent et l'emporte rapidement dans le chemin escarpé de l'honneur. Lorsqu'il avait atteint l'âge de la puberté, son père le présentait au prêtre célébrant, qui lui attachait une épée au côté : à partir de ce moment il était fait écuyer. Il était alors attaché au service d'un chevalier qui l'initiait dans les doctrines de la chevalerie, lui apprenait le métier des armes et en faisait le compagnon de ses dangers ; ces deux états, écuyer et page, étaient le noviciat ou épreuves de la chevalerie ; le troisième grade, celui de chevalier, donnait seul la connaissance des mystères. La veille du jour de sa réception au grade de chevalier, l'écuyer récipiendaire passait la nuit dans la plus profonde obscurité aux pieds des autels ; cette nuit, nommée veillée des armes, symbolisait le temps passé par le Christ dans le sépulcre ; le lendemain il s'agenouillait devant le chevalier qui présidait à sa réception, prêtait entre ses mains le serment de voler au secours de la patrie, de défendre les opprimés, et de mourir plutôt que de révéler les saints mystères de la chevalerie. Alors le chevalier qui présidait à la cérémonie le ceignait d'une épée, le frappait trois fois au cou avec la sienne en signe de mortification ; la lumière était ensuite donnée au chevalier par le mode d'onction faite avec l'huile sainte destinée à alimenter le feu sacré en la lampe d'or de l'âme. Le jour du sacre d'un chevalier était un jour de fête pour toute une ville : la chevalerie était la providence vivante de toutes les infortunes, c'était l'esprit de l'Évangile armé d'une lance et monté sur un cheval. Le crime des Templiers fut de vouloir établir de vive force le règne de Dieu sur la terre.

La forme des réceptions des Templiers était infiniment plus dramatique et plus mystérieuse que celle des autres ordres de chevaliers. On commençait, suivant les traditions immuables de toutes les sectes cabalistiques, par déchirer le voile symbolique de toutes les révélations, persuadé que les mystères, les cérémonies, les allégories ont deux éléments : la lettre, ou l'écorce extérieure qu'on livre aux masses ignorantes pour les soumettre ; et l'esprit, que l'on ne communique qu'aux hommes d'élite qui, sous le régime régénérateur d'une initiation mystérieuse, ont ouvert les yeux de leur âme à la lumière, et se sont ainsi rendus dignes de contempler la vérité dans sa splendide nudité. Il y a quelques points connus de l'initiation des Templiers, mais ces points sont incompris ; car, pour les bien comprendre, il faut être très versé dans l'esprit des hautes vérités cabalistiques de leur initiation, voilées sous les cérémonies hermétiques et magiques. On accuse les Templiers de marcher sur la croix, et de prendre pour leur grande fête, non pas Noël ou Pâques, mais la Pentecôte, jour de la descente du Saint-Esprit ; les faits de l'accusation sont vrais, mais l'apparence seule en était sacrilège et blasphématoire. Car en foulant aux pieds la croix, ce n'était pas sur Jésus-Christ qu'ils voulaient marcher, mais sur un symbole qu'ils regardaient comme devant être la source d'une foule de superstitions ; ils pensaient honorer le Fils de Dieu en imitant sa pauvreté, sa charité, sa chasteté et son obéissance, bien plus que ceux qui, par une malheureuse perversion de la droiture du cœur, faisaient sculpter le gibet de l'Homme-Dieu pour en orner la salle de leur orgie ou l'alcôve de leur couche voluptueuse. Le but unique de toute initiation étant la possession de la lumière, on comprend qu'ils fixèrent leur fête principale du jour où cette lumière de Dieu descendit en gerbe de feu sur la tête des apôtres. Arrivons au point de leur initiation la plus avérée, et qui scandalisait trop vivement le roi et la Cour de France, pour qu'il soit possible d'admettre que la signification ne leur en fût pas connue : on leur reprochait d'adorer une tête barbue, sanglante, avec des yeux fixes et étincelants. Ce crâne qui nage dans le sang, c'est celui de Jean-Baptiste, offert dans un plat d'or, en hommage, par le roi Hérode à une danseuse qui avait éveillé ses désirs par les ondoiements voluptueux de sa taille, sa jambe fine et cambrée et l'élégante mignonnesse de ses pieds. Cette tête pâle et sanglante, aux cheveux raidis, à la chair livide, se retrouvera au XVIIIe siècle, dans les initiations révolutionnaires ; sa vue allumera le fanatisme, qui croira accomplir un acte de représailles sacrée en faisant tomber une tête royale dans le panier de la guillotine ; ses lèvres blêmies par la mort retrouveront la parole pour crier vengeance et demander du sang.

Moines et soldats, les Templiers unissaient à la mortification cénobitique le courage et les fatigues de l'état militaire ; ils faisaient trois vœux : vœu d'obéissance, vœu de pauvreté, vœu de chasteté. Au moyen-âge, l'esprit de Dieu se manifestait aux peuples par de trop éclatants prodiges pour qu'il fût possible de n'être pas croyant ; or, l'homme qui croit en une autre vie ne peut, sans folie, négliger l'occasion d'acheter, même au prix de tout son sang, une éternité de béatitude. Aussi les Templiers apportaient-ils avec bonheur leur être soumis et obéissant aux hommes qui étaient déjà arrivés ici-bas à cette lumière divine qui, après la mort, sert d'ailes de feu à l'âme pour s'envoler au ciel, afin de les prier de guider leur marche dans la voie du royaume de Dieu : s'abaisser ainsi volontairement devant les représentants de la Divinité sur la terre, c'est se grandir. L'idée d'abnégation évangélique était, encore trop bien. comprise pour qu'il ne se rencontrât pas des hommes au cœur dévoué, qui, résolus à suivre pas à pas la marche immortelle du Fils de Dieu, ne voulussent sans regret se dépouiller des richesses périssables de cette terre, et, pèlerins de la vérité, pieds-nus, vêtus d'un rude habit, chevaucher à travers le monde, sans autre mobile que glorifier le nom de Dieu, faire sa sainte volonté, et par ce moyen acquérir des mérites pour le ciel. Le royaume des cieux, voilà, l'unique but, le terme dernier où tendent invinciblement tous les désirs de ces hommes : il faut être pauvre selon le monde pour être riche selon Dieu. Il y a une profonde sagesse et une grande connaissance de l'organisation mystérieuse de l'homme à boire volontairement l'eau vive de la résurrection dans le calice d'amertume du Christ martyr. Les Templiers étaient chastes, mais ils n'étaient pas vierges : ils ne renonçaient volontairement aux jouissances frémissantes des sens qu'après les avoir connues ; leurs mains saisissaient la coupe des voluptés, ils y trempaient leurs lèvres, puis la rejetaient loin d'eux, comme les initiés païens, quand ils avaient allumé en leur âme les feux brûlants de l'amour élevé qui font l'homme puissant. En présence des belles habitantes de l'Orient, dont l'œil ardent embrase, dont le sourire enflamme, leur sang pouvait bouillonner en leurs veines, vaporisé par cette lumière qui enveloppe les moelleux contours d'un corps de femme et qui constitue le charme de la beauté ; mais ils restaient chastes et souverains d'eux-mêmes, sachant qu'il est des feux de l'amour contenu comme de ceux du bûcher d'Hercule, qui, en le consumant, le faisaient Dieu !

Dévoué de cœur à la religion chrétienne, croyant fervent aux vérités dogmatiques qu'elle enseigne, prêt à verser jusqu'à la dernière goutte de notre sang pour notre foi, nous éprouvons une amère douleur en voyant le peuple ignorant jeter sur le catholicisme l'odieux des cruautés que commit l'Inquisition ; car l'angoisse nous prend la gorge dans son poignet d'acier, une sueur glacée coule de nos membres abattus quand nous pressentons les déchirements, les tortures, les douleurs qui affligeraient l'humanité si le christianisme s'unissait à la politique terrestre et était renversé avec elle par l'ouragan populaire un jour de révolution. Il y a deux manières d'arrêter ce mal : la première, en réformant les hommes dangereux ; la seconde, en les massacrant ; l'Inquisition ayant préféré la mort des pécheurs à leur conversion, nous soutenons qu'elle n'appartient pas au christianisme, car ce n'est ni le nom, ni le costume extérieur qui fait un homme chrétien, mais, comme l'indique l'étymologie même de ce nom, l'Esprit de Dieu, qui, en oignant les hommes, enflamme leur cœur de l'amour de l'humanité. La lumière était devenue une torche entre les mains des chevaliers du Temple, elle menaçait d'incendier le trône et l'autel. Au lieu de la rendre à sa destination première et de la faire éclairer les pas de l'humanité dans les voies de la sagesse éternelle, on l'éteignit dans un océan de sang. Si l'Inquisition eût été animée de l'Esprit saint, elle aurait considéré ces chevaliers comme des aveugles, elle aurait ouvert leurs yeux à la vérité, imitant en cela le procédé de Dieu qui terrasse Paul sur le chemin de Damas, en l'éclairant de la lumière de la grâce et d'un ennemi acharné il se fit un apôtre dévoué.

Quand Jésus aperçut le glaive tiré, il ordonna de le remettre dans le fourreau ; car, Verbe tout-puissant de Dieu, il n'eut qu'à parler, et soudain l'œil attentif du penseur aperçut le crâne du monde païen, organe de tous les vices, changer de forme et devenir l'instrument de toutes les vertus ; à sa voix les collines du mal s'abaissent, tandis que les vallées du bien s'élèvent. Quand l'Esprit de Dieu repose en un homme, il sait que l'idée use les prisons, émousse le tranchant des glaives, s'élance victorieuse des flammes du bûcher, et que si l'on veut réformer une société, il suffit simplement de modifier la structure de son cerveau et surtout attirer dans les âmes l'Esprit saint qui renouvelle la face des empires.

Le crime que l'on reprocha le plus vivement aux Templiers fut celui de sorcellerie. Nous croyons nécessaire d'examiner très rapidement ce qu'étaient ces sorciers que l'inquisition torturait avec une haine féroce et livrait par milliers aux flammes du bûcher. Le sorcier, comme l'indique la racine étymologique mot (*scire*, connaître, *sortem*, la destinée), est un homme doué du don précieux de prophétiser l'avenir. L'Église en ces temps était toute-puissante ; un mot tombé des lèvres du pape suffisait pour détacher d'un prince les cœurs de ses sujets et le couvrir d'une lèpre morale plus hideuse, aux yeux des hommes de ce temps, que la lèpre physique. Or, cette supériorité, qui assurait au pouvoir ecclésiastique une influence souveraine sur les choses de ce monde, avait sa racine dans cette croyance populaire : qu'en l'Église seule reposait l'Esprit de Dieu, or, la sorcellerie, dont les lèvres avaient des paroles de prophétie, dont les mains opéraient des miracles, sapait radicalement cette croyance en montrant l'Esprit de Dieu manifestant par des œuvres visibles pour tous les yeux sa présence chez des hommes qui n'appartenaient pas au parti clérical ; ce parti qui avait la prétention de monopoliser à lui seul l'esprit de Dieu attaqua devant ses tribunaux, comme des hommes possédés de l'esprit du diable, les sorciers qui se permettaient d'opérer des œuvres surnaturelles. Ainsi l'esprit d'inspiration qui dégage l'âme du corps se manifestait-il en une pauvre femme dont le cœur était usé par la misère et les privations, qu'aussitôt on l'accusait d'avoir fait un pacte avec Satan, de lui avoir vendu son âme ; ou brisait ses os dans les tortures, on la revêtait d'une chemise soufrée et on la brûlait publiquement en présence de tout un peuple, auquel on faisait croire qu'elle avait semé la maladie, la désolation ou la mort, ou que, montée sur un manche à balai, elle volait dans les airs au Sabbat tout les samedis ; ces cruautés de l'Inquisition au profit de son influence terrestre étaient non-seulement des crimes, c'étaient, de plus, des fautes qui devaient assurer le succès de Luther et de Voltaire, la vérité éternelle du dogme.

L'inquisition ne se contentait pas de brûler les patients, elle les torturait avec des raffinements de perfidie inouïs dans l'histoire des tyrans les plus odieux. Avec un ricanement féroce, elle s'empara des chevaliers du Temple, leur lia les mains derrière le dos avec tant de cruauté, que le sang coulait presque par les ongles ; elle les jeta dans des caveaux humides sans lumière, sans autre nourriture que du pain et de l'eau. Après quelques jours, elle les fit sortir de leur prison, pâles, affaiblis par les mauvais traitements, bien résolue à les forcer à avouer leurs rapports avec Satan, pour pouvoir ensuite les brûler comme sorciers. Ils commencèrent par nier : alors le bourreau de l'inquisition les étendit sur des charbons ardents, tenailla leur chair, fit craquer leurs os brisés par les étreintes du chevalet, arracha leurs dents et leurs ongles saignants, enferma leurs talons nus dans un talon concave de fer, et les fit broyer dans les tourments de la plus insurmontable douleur : quelques-uns alors, la tête égarée par le délire de la souffrance, confessèrent tout ce que voulurent les inquisiteurs ; mais de semblables aveux ne prouvent rien, comme l'a exprimé Raynouard avec une si énergique éloquence en ce beau vers :

> La torture interroge et la douleur répond.

Jamais, dans aucune cause, la haine ne se montra aussi ingénieuse dans sa froide cruauté ; on dirait que l'Inquisition ait voulu se venger sur eux de l'horreur qu'elle inspirait. Quand les lèvres, les yeux, les oreilles de ces bourreaux ténébreux eurent longtemps et voluptueusement joui du spectacle de la torture, les chevaliers n'étaient plus que des lambeaux de chair sanglante et informe : alors, ils les jetèrent dans des cachots humides ; et dans la crainte que le peuple ne les arrachât de leurs mains, ils se hâtèrent de dresser le bûcher où devaient périr ces chevaliers, dont la poitrine avait servi si longtemps de rempart à la chrétienté contre les invasions des soldats de Mahomet : leur mort livrera passage aux ennemis du catholicisme. Luther peut attaquer désormais l'Église et le pape, Voltaire railler les prophéties et les miracles ; l'Inquisition a anéanti les austères défenseurs de l'Église, a brûlé ceux qui opéraient des prodiges, et versé des torrents de sang qui, vaporisé par un feu vengeur, forme à l'horizon un nuage rouge d'où s'échappera le tonnerre des révolutions, qui foudroiera le trône et l'autel.

Le bûcher fut dressé à la pointe de la petite île de la Seine, non loin du couvent des Augustins, à l'endroit où s'élève aujourd'hui la statue équestre de Henri IV. Le grand-maître et ses compagnons y montèrent le front rayonnant d'enthousiasme. On eut soin d'allumer lentement le bois, afin que, brûlés à petit feu, ils eussent le temps d'implorer grâce et de s'accuser coupables ; ils étaient déjà à demi consumés, et enveloppés dans un tourbillon de flammes et de fumée, quand soudain la voix du grand-maître domine les larmes et les sanglots des assistants « Clément, mon juge et mon bourreau, s'écrie-t-il, je t'ajourne à comparaître dans quarante jours devant le tribunal du souverain juge. » Grand nombre d'historiens véridiques rapportent qu'il ajourna pareillement le roi de France à y comparaître dans l'année. Cette prophétie, échappée des lèvres d'un homme qui mourait accusé du crime de sorcellerie, se vérifia rapidement. Le quarantième jour après son supplice, le pape paraissait devant Dieu, où le roi de France le suivit dans l'année ; mais le peuple ne se contenta pas des foudres vengeresses de la justice divine que Jacques Molay avait attirées sur le front du pape et du roi. Durant des siècles sa justice aiguisa dans l'ombre du silence le tranchant de son glaive ; seulement, ; chaque année, au jour anniversaire de la mort des Templiers, des hommes, le visage couvert dans leur manteau, se réunissaient à la nuit au lieu même où s'était élevé le bûcher ; leurs mains échangeaient en silence des signes mystérieux, puis ils disparaissaient dans l'ombre ; enfin l'heure des représailles sonna : le peuple, écartant alors de son visage le manteau du conspirateur, cita, à la face du ciel, à son tribunal la royauté et la papauté, et leur demanda compte du sang des chevaliers du Temple. Il y a une loi du monde social parfaitement formulée dans l'Évangile en ces termes : « Celui qui se sert de l'épée périra par l'épée. » En effet, le sang appelle le sang : le bûcher des chevaliers appela l'échafaud de

Louis XVI. L'Inquisition avait, il est vrai, eu soin de jeter au vent la cendre des Templiers ; mais les vents du ciel, qui sèment par le monde les atomes amoureux des plantes, portèrent par tout l'univers leur esprit d'héroïsme. De nos jours, les Templiers revivent dans tous les hommes qui arborent l'étendard de la foi chrétienne ; milice du Christ, ils luttent contre le scepticisme et l'incroyance pour guider les peuples vers la Jérusalem céleste, où les âmes seront unies en Dieu et par Dieu.

INITIATION AUX MYSTÈRES RÉVOLUTIONNAIRES DES CARBONARI

> La conscription recrute des soldats pour les sociétés secrètes : c'est toujours à l'armée que les révolutionnaires ont appris le maniement des fusils qu'ils tirent derrière les barricades.

Nous avons vu que c'était dans les sanctuaires d'initiation que tous les génies d'élite qui s'étaient faits les instituteurs des peuples étaient venus chercher la lumière de l'éternelle vérité, afin d'éclairer la route qui devait, à travers les siècles, les conduire à l'immortalité. Ces sanctuaires, à la fin du XVIII® siècle, retentissent du cliquetis des armes et des cris de rage : ce ne sera plus la civilisation qui en sortira, mais la révolution, bras nus, la furie dans le regard, un fusil dans les mains, mâchant la poudre, déchirant des cartouches, battant la charge et montant à l'assaut de l'ancienne société. Le flambeau de la vérité s'est fait torche, et la faim, pâle, livide, secoue l'incendie sur l'Europe. Nous touchons à la fin du XVIII® siècle : la Noblesse est endormie dans les bras de la volupté ; elle se réveillera au bruit que fera le triangle d'acier de la guillotine, en tombant sur la tête de son roi. La philosophie raille Dieu ; mais un bruit sourd, une rumeur menaçante couvrira ses éclats de rire, car l'Europe boit, mange, rit, danse sur un volcan. Au jour de son éruption, il enveloppera sous un déluge de laves en feu prêtres et roi, nobles et financiers. Dans ce chapitre, descendant, comme jadis Empédocle, dans le cratère brûlant du Vésuve révolutionnaire, nous allons étudier les combinaisons souterraines des éléments meurtriers qui font irruption à certains jours sur le monde terrifié.

Pourquoi la terre tremble-t-elle ? Pourquoi, à l'horizon politique, voyons-nous s'amonceler ces nuages de sang dont l'insurrection sortira foudroyante ? c'est que la croyance est éteinte dans le cœur des peuples ; la rage et le désespoir ont remplacé les espérances éternelles. Dieu a retiré son esprit de lumière des hommes indignes, ambitieux et vénals, qui sont la tête du grand corps européen, et ces hommes ont demandé à la raison d'être leur guide ; et aujourd'hui la raison, être présomptueux, aveugle et borné, leur fait diriger le navire qui porte les destinées sociales vers l'angle menaçant de tous les écueils ; tous, dans le péril imminent qui menace la société, se mêlent de donner un avis stupide pour nous ; le nôtre est bien simple, et cependant il sera la page la plus intéressante de ce livre, car il révélera une des vérités les plus immuables de l'ordre surnaturel de la grâce. Nous avons montré chez tous les peuples le sceptre du gouvernement temporel, la crosse d'or du gouvernement spirituel, déposés dans les mains d'hommes qui avaient reçu, dans le sacre de l'onction, l'Esprit saint qui anime d'une vie divine l'âme, et peut créer en l'homme un homme nouveau qui, avec la vue infinie de son âme revivifiée, pénètre les mystères du temps et de l'espace, et, pressentant avec certitude les écueils à venir, gouverne avec tant d'habileté, qu'il conduit le navire au port de l'éternité. Le gouvernement profane des hommes conduit les nations à leur perte ; le gouvernement sacré des âmes seules peut les conduire au bonheur, à la stabilité, à la gloire ; mais il faut que la lumière de Dieu vienne en l'âme pour la vivifier et la rendre capable de gouverner avec sagesse, car les fastueuses et symboliques cérémonies du sacre ne suffisent pas pour créer en l'homme une âme vivante. Le monde moderne sera ébranlé, et des entrailles de la terre, les sociétés secrètes vomiront la désolation et la mort jusqu'au jour où l'Esprit saint, opérant surnaturellement dans l'âme des gouvernants, en fera des thaumaturges et des prophètes. Les Hébreux avaient pour les guider une colonne de feu ; pour diriger les nations modernes dans la voie du bonheur, il faut que le souffle du Tout-Puissant change en anges de lumière ceux qui marchent à leur tête.

Nous avons fait connaître par quelle voie douloureuse l'initiation conduisait à Dieu, par quel moyen elle métamorphosait l'homme profane en une âme vivante éclairée de la lumière divine. Enfin, nous avons rendu visible à tous les yeux ce qui se passait dans l'obscurité mystérieuse des temples d'où sont sortis les fondateurs de religions et les législateurs sacrés de l'Antiquité ! Aujourd'hui entrons dans un temple de la secte des Illuminés. L'homme qui venait s'y faire initier était conduit à travers un sentier ténébreux dans une salle immense dont la voûte, le parquet et les murs étaient couverts d'un drap noir parsemé de flammes rouges et de couleuvres menaçantes ; trois lampes sépulcrales éclairaient d'une mourante lueur cette lugubre enceinte, au milieu de laquelle se dressait un autel formé d'ossements et de crânes de morts, Il y passait vingt-quatre heures dans un jeûne absolu, au milieu d'un silence glaçant ; au bout de ce temps paraissaient deux hommes qui ceignaient le front pâle du récipiendaire avec un ruban aurore teint de sang ; puis on le dépouillait de ses vêtements et sur son corps nu on traçait des croix avec du sang ; alors cinq fantômes drapés dans des suaires s'avançaient sinistrement la main armée d'un glaive dégoûtant de sang ; ils présentaient un pistolet à l'aspirant et l'obligeaient se en mettre le canon dans sa bouche et à en presser la détente : cela fait, on amenait un suppliant pâle, livide, tremblant ; l'un des fantôme, le saisissant malgré ses supplications, lui plongeait dans le cœur un poignard, et recueillant le sang qui s'échappait tout fumant de sa poitrine, il en présentait à l'aspirant une coupe. Après ces épreuves propres à connaître le courage du profane récipiendaire, on lui bandait les yeux et on lui faisait subir des épreuves morales et intellectuelles. Quand l'interrogatoire était satisfaisant on lui faisait prononcer sur la croix et sur l'Évangile ce serment épouvantable : « Au nom du crucifié, je jure de renoncer aux liens charnels qui m'attachent encore à mon père, à ma mère, à mes frères, à mes maîtresses, à ma femme, à mes enfants, à mon roi, à mes bienfaiteurs, en un mot à tous les êtres auxquels j'ai promis foi, obéissance, gratitude, service ; je jure de plus une soumission aveugle au chef de cette respectable loge, et reconnais le monde désormais pour ma patrie, l'humanité pour ma famille ; je jure de défendre le faible contre le fort, l'opprimé contre l'oppresseur, d'arracher l'intelligence du peuple aux mains de ceux qui l'hébètent pour le soumettre. » Ce serment prononcé, on lui rappelait que le tonnerre était moins prompt à foudroyer que le couteau à égorger le traître qui tenterai de révéler les mystères. « Vivez, lui disait-on, au nom du Père, du Fils et du Saint-Esprit ; vivez-dans l'attente et le recueillement, préparez vos armes, car le jour du combat est proche, : heureux alors seront les vainqueurs, car ils auront la gloire ; mais plus heureux encore seront les martyrs morts pour la liberté, car ils auront le ciel. »

Sous l'antique civilisation européenne s'étendent ténébreusement ces mineurs fanatiques qui en ébranlent les fondements et recommencent sous la société du XVIIIe siècle le travail de destruction souterraine exécuté avec un si merveilleux talent par les chrétiens sous l'antique édifice de la religion païenne.

L'Église catholique arrivée au pouvoir n'avait pu exterminer par le fer, noyer dans le sang, consumer dans les flammes des bûchers de l'Inquisition cet esprit de rébellion mystérieuse qui, sous le nom de *cabale*, conspirait contre la puissance cléricale et royale avec une opiniâtreté persévérante. Le jour est venu où, à la voix de Weishaupt, les illuminés vont se compter comme jadis les esclaves se comptèrent à la voix de Spartacus, et se parer avec gloire d'un nom qui rappelle les bûchers qu'ils ont traversés et d'où ils sont sortis triomphants : ils s'appellent *carbonari*, nom qui signifie les brûlés, les carbonisés ; fantômes, ils se dressent à chaque pierre du chemin, ils vont saisir à la gorge nobles, prêtres, financiers, les renversent par terre et les déchirent de leurs mains furieuses ; l'esprit de vertige s'empare de tous les cerveaux, les rois eux-mêmes se font affilier et conspirent, sans s'en apercevoir, contre leur propre trône ; ils boivent à la liberté, à l'égalité, à la chute éternelle de toutes les tyrannies, à la mort des brigands couronnés, et s'endorment enivrés pour ne se réveiller qu'au son du tocsin qui ébranlera tous les clochers de France ; ils ont déchaîné l'incendie qui enveloppera de ses flammes noblesse, clergé et royauté.

Ce qui aida grandement les sociétés secrètes dans le recrutement de leurs adeptes fut l'effusion antihiérarchique du sang des nobles, ou mieux, pour parler un langage compréhensible du vulgaire, les débauches des grands seigneurs, qui répandirent, par voie de génération, dans le sein de toutes les classes de la société, un sang ambitieux de domination. Tout homme qui a étudié les lois physiologiques qui président ici-bas au développement progressif des races humaines sait que positivement les parents transmettent par voie de génération leur individualité à leur descendant, et comprend comment les nobles, en semant immodérément leur sang, ont créé, en dehors d'eux, une génération avide de posséder, ambitieuse d'honneurs, sentant en ses veines un sang ardent, en son cœur des aspirations à la souveraineté. Ce sont ces hommes déclassés, à l'intelligence cultivée, qui vont, comme le vent sur l'Océan, soulever les masses populaires et battre en brèche l'antique édifice. Sorties de la noblesse, branches méconnues de l'arbre héraldique, ils tournent un fer parricide contre le cœur qui les a dédaignés ; mais, pour triompher, il faut qu'à la multitude qui souffre ils présentent un idéal propre à l'émouvoir ; cet idéal sera celui de toutes les sociétés : la liberté, l'amour et la fraternité universelle ici-bas, la gloire dans l'autre vie. Tous les cœurs jeunes, généreux, désintéressés, s'embrasèrent du feu du patriotisme ; mais la liberté, la fraternité, blanches et pures déités, ne voulurent pas rougir leurs pieds dans le sang qui baignait la terre de France. L'échafaud et la statue de la déesse Raison bivouaquèrent seuls sur les ruines de l'ancien monde. La Raison présida froidement à son œuvre de carnage organisée, car un rationaliste qui reste pacifique est toujours un lâche ou un niais.

Un homme, voyant les classes déchainées en France les unes contre les autres, eut l'idée de s'emparer de ces forces immenses, terribles, meurtrières, et de les diriger contre les autres nations. En moins de dix ans, à la suite de Napoléon, la France avait arboré son étendard dans toutes les capitales de l'Europe : elle voulut marcher sur Pétersbourg, mais le feu sacré qui allumait dans ses veines le flambeau de la force, de la passion, de l'héroïsme et de la vie, s'éteignit sous le ciel neigeux de ces froides contrées et l'Empereur ne ramena des glaces de la Russie que des cohortes mutilées, une étoile pâlie et une existence qui devait aller mourir silencieuse au milieu des bruits vagues de l'Océan, sur le rocher de Sainte-Hélène. La famille des Bourbons rentra, et toutes les familles qui avaient perdu un des leurs sur un champ de bataille l'acclamèrent comme une Providence visible qui venait les délivrer de celui qui arrachait aux mères leurs enfants pour les livrer à la mitraille de l'étranger. La France avait tant saigné, que pendant quinze ans elle resta paisible ; mais avec la santé, la force, la vigueur, l'énergie étaient revenues peu à peu à la société convalescente. Le sang commença à circuler de nouveau avec impatience dans les membres.

Les classes ambitieuses et lettrées qui avaient, grâce au rationalisme, fort peu de confiance en la vie future, désiraient, en attendant le bonheur problématique du ciel, le bien-être ici-bas. Les sociétés secrètes se réunirent de nouveau, recrutèrent, comme toujours, la partie jeune, ardente, l'exploitèrent dans les instincts généreux de son cœur. La révolution de 1830 se fit au nom de la liberté, et chassa les nobles et le clergé, qui avaient commis la faute impardonnable de faire cause commune avec le pouvoir. Les plus adroits meneurs s'emparèrent des places laissées vacantes ; l'idéal de liberté entrevu se dissipa comme un brillant météore. Un régime sans noblesse comme sans inspiration supérieure travailla à éteindre la foi, l'héroïsme, la passion dans tous les hommes ; mais, comme tout pouvoir qui préfère la raison à l'inspiration divine de la grâce qui ouvre les yeux de l'âme, il eut la faiblesse de s'appuyer sur la force : une ceinture de fortifications s'étendit autour de Paris ; le roi recruta une armée de plus de cent mille hommes, que d'un mot il pouvait jeter en armes sur le pavé des rues, et eut une garde nationale immense ; mais tandis que la raison lui promettait un règne long, tranquille et heureux pour lui et sa dynastie, les yeux de son âme, si la main de Dieu les lui avait ouverts, lui auraient montré, dans les tavernes des boulevards extérieurs, des hommes se réunissant en conciliabule secret, et enrégimentant par sections les soldats qui, après sept ans passés sous les drapeaux, apportaient leur expérience, leur discipline, leur habileté dans le maniement des armes, et de plus une organisation nerveuse assez développée par la musique et le régime militaire pour s'enlever au mot de *liberté* : alors il aurait compris que la conscription en résumé recrutait des soldats pour les sociétés secrètes, et qu'à un jour donné les soldats recrutés pour lui seraient contre lui, et qu'il n'aurait d'autre parti à prendre que de s'enfuir ; il a eu le bonheur de pouvoir aller mourir tranquille sur la terre étrangère, grâce à l'intelligent dévouement d'Adolphe d'Houdetot, cette noble et glorieuse personnification de l'antique esprit chevaleresque, si rare en ce siècle de vénalité égoïste.

Les affiliations aux sociétés secrètes de nos jours manquent tout à fait de prestige : le local est habituellement une cave humide ou une arrière-boutique de marchand de vin, décorée de quelques sales friperies rouges. Quand un homme, par l'exaltation révolutionnaire de ses sentiments, par son habileté dans le maniement des armes, par sa discrétion, présente les garanties suffisantes, on lui envoie un émissaire chargé de lui proposer l'affiliation : s'il accepte, on l'introduit les yeux bandés dans la salle des séances, on l'interroge sur les actes antérieurs de sa vie, on lui adresse des questions propres à constater le degré de son fanatisme politique, puis on lui déclare le but de la société qui est l'extermination des privilèges, la mort de tous les tyrans, la diminution des impôts qui pèsent sur le prolétaire, la liberté illimitée, l'égalité des citoyens, la fraternité universelle, la vie à bon marché, la souveraineté du peuple, le bien-être de l'ouvrier, et la fin de l'exploitation de l'homme par l'homme par le droit au travail ; s'il accepte, on lui fait jurer de donner jusqu'à la dernière goutte de son sang pour ces résultats, sur le poignard qui tuera son corps et sûr la croix du Christ qui damnera son âme s'il est traître ou parjure au serment qu'il prononce en ce moment. Ensuite on lui débande les yeux, le président l'embrasse, et les autres frères viennent lui serrer la main en signe d'alliance. La cotisation se paye en argent ou en poudre, plomb, fusils, suivant les ressources pécuniaires du récipiendaire. Les sociétés secrètes sont les larves des révolutions ; mais pour qu'elles réussissent, il faut toujours qu'elles soient soutenues par le vœu secret de la nation ; si en février l'insurrection a été triomphante, c'est que la majorité de la nation, et que la garde nationale, cette milice prétorienne des temps modernes, gagnaient à une réforme électorale une part dans le gouvernement qui mettait en ses mains le sceptre de la souveraineté encore détenu exclusivement en celles de la richesse ; c'est que le grand poète orateur, Lamartine, avait insurgé contre le pouvoir tous les cœurs, en lui reprochant d'appuyer la main de la police sur la bouche du pays ; c'est qu'enfin comme le dirait mon éloquent ami Arthur de la Guéronniére, dans son noble et sublime langage, on sentait dans l'air les courants électriques de l'opinion publique qui renverse les trônes. Le personnel des révolutions se compose de deux éléments : les émeutiers, race de pâles désœuvrés, de voleurs au teint laid et cadavéreux, de forçats flétris par l'infamie, que la débauche pousse à la révolte ; car, suivant l'expression si juste d'Alphonse Esquiros, ce sont les bouges enfumés, les allées douteuses qui, à certains jours de désordre, vomissent dans la rue des destructeurs : la vengeance et la hache sortent de là avec des baisers. L'autre élément des insurgés se compose de jeunes gens à l'âme généreuse et enthousiaste, aux traits nobles et inspirés, et de cette vivante et audacieuse génération conçue sous l'Empire entre deux victoires et dans une atmosphère de poudre à canon, en qui le bruit des armes, les détonations de l'artillerie, réveille d'irrésistibles instincts guerriers, et qui, éblouissante de valeur, va derrière les barricades ramasser dans le sang un fusil encore tiède, et se bat avec l'héroïque intrépidité d'un Français, le visage enflammé de la passion qui embrase le cœur et enivre le cerveau d'enthousiasme. Le souffle des révolutions est semblable à ce feu de l'auteur que, dans un roman de Goethe, nous voyons s'insinuer dans les veines de Charlotte, endormir sa vigilante sagesse, troubler ses sens, emporter son esprit dans une atmosphère d'irrésistible séduction, quand cette jeune et vertueuse femme attire sur son sein brûlant Werther, et baise de ses lèvres balbutiantes ses lèvres ardentes, jusqu'au moment où, éperdue, en larmes, domine au sortir du charme d'un rêve de volupté, elle s'enfuit et court s'enfermer. Il palpite aussi du rythme précipité de la fièvre d'amour, le pouls de ce jeune homme, élevé dans les principes de la religion, dont le cœur s'est réchauffé dans l'âme d'une sœur, d'une mère pieuse, dont l'intelligence a été développée dans le respect et le culte des antiques traditions, quand, le cerveau enivré des mots de liberté et de fraternité, les sens envahis par le bruit des armes et l'odeur de la poudre, oubliant famille, richesse, principes, traditions, il s'élance à la barricade, la chevelure au vent, le regard enflammé, un sourire d'héroïsme aux lèvres, et présente sa poitrine aux baïonnettes, persuadé qu'on peut hacher sa chair en morceaux, mais qu'on ne tuera pas l'esprit de vérité qui l'inspire, l'âme qui l'anime !

Au moment où nous écrivons, dans toutes les nations de l'Europe s'étendent les sociétés secrètes, toutes les classes sont déclassées, toutes les conditions sont confondues ; l'instruction, le manque de croyance et le désir de la jouissance ont envahi tous les hommes. Semblable au géant Encelade enseveli sous le mont Vésuve, le peuple refoulé se remue douloureusement sur son lit de désespoir ; il ébranle périodiquement par de terribles et menaçantes révolutions l'ordre social. Au lieu de tendre, dès ici-bas, à la béatitude du ciel, tout le monde tend au bien-être sur la terre. Pour nous, au-dessus des intérêts humains, contemplant les malheurs qui se préparent et les vicissitudes des révolutions, persuadés que celui qui est millionnaire aujourd'hui, n'est pas assuré d'avoir demain un oreiller pour reposer sa tête proscrite, nous découvrons sans crainte notre poitrine, nous levons un regard tranquille et assuré vers le ciel, et nous répétons avec foi cette parole du Christ, qui est la seule solution possible et la seule route du bonheur : « Cherchez d'abord le royaume de Dieu, et le reste vous sera donné comme par surcroît.» Marchons à, cette divine recherche hommes aux cœurs jeunes, et femmes à l'âme aimante et croyante ; laissons ondoyer notre chevelure au vent des orages populaires, sans souci des intérêts matériels, en détournant notre regard de la société qui se déchire de ses propres mains. Pour nous, comprenons le bonheur de ne plus être attachés aux richesses de ce monde : laissons biens, fortune, honneur, aux gens qui aiment ces choses-là, et, le front rayonnant de céleste béatitude, le cœur embrasé d'une douce fraternité, partons, unis par la même croyance, pour les rives bénies de l'éternité ; sacrifions, ce qui passe pour ce qui reste, et, dès cette vie, ivres d'amour et de foi, nous sentirons, au tressaillement de notre âme s'éveillant en nos poitrines, combien est douce la quiétude des passagers qui voguent sur un navire dont la providence de Dieu tient le gouvernail en sa main puissante.

INITIATION AUX MYSTÈRES DE LA FRANC-MAÇONNERIE MODERNE

> La voûte du temple maçonnique est comme celle du firmament, qui recouvre avec un même amour le pauvre et le riche, l'ignorant et le savant.

Faire connaître la franc-maçonnerie, c'est la défendre. Se faire recevoir franc-maçon, c'est venir visiter le Musée auguste où sont conservés pieusement les instruments qui ont servi à opérer la civilisation chez les nations les plus illustres de l'univers. En un mot, un temple maçonnique est un sanctuaire où se trouvent réunis tous les dogmes religieux et toutes les traditions. Cette institution est niée dans sa philosophie supérieure et considérée comme un ensemble de pratiques bouffonnes, par une certaine une classe que nous nommerons les niais ; cette classe, ne pouvant rien comprendre, à cause de l'étroitesse de son cerveau, se renferme dans une négation infertile et misérable ; elle est effleurée par un grand nombre d'hommes au cœur honnête, que nous nommerons les superstitieux. Ces hommes se tiennent à la superficie de toutes les vérités, et n'en aperçoivent jamais que la lettre et l'écorce. L'initiation maçonnique ne les initie à rien, et la révélation chrétienne ne leur révèle rien. Enfin, il y a une race qui a du fiel dans les veines et une parole venimeuse ; cette race perfide, fardée mielleusement d'apparences de piété, attaque violemment la maçonnerie, à cause des secours qu'elle verse dans le sein des classes souffrantes ; car, la charité pour ses dévots hypocrites, ce n'est pas l'épanchement de l'amour de l'humanité, mais un moyen d'établir leur domination temporelle et d'attacher, le peuple par les liens de la faim : aussi, ils ne pardonnent pas aux francs-maçons l'argent que leurs mains donnent fraternellement aux pauvres.

Enfin, la maçonnerie est comprise et, aimée par des esprits profonds qui se plaisent, comme l'aigle, à s'élever jusqu'au sphères les plus hautes, pour y contempler la vérités dans sa splendide nudité, et qui ne quittent leur sublime hauteur que pour entrouvrir, d'un coup de leurs becs, la tête saignante du vautour, qu'ils voient tenir entre ses serres menaçantes une douce et blanche colombe ; car, si Dieu, dans sa justice, a créé des titres puissants et des êtres fragiles, il à établi la loi primordiale des attractions qui attire le faible sous la protection du fort, et protège l'orphelin et la veuve de l'épée et de la lance du chevalier.

De nombreux écrits ont été publiés sur la franc-maçonnerie, et les révélations signées des noms de Clavel, de Kaufman, de Cherpin, de Dechevaux-Dumesnil, rédacteur du remarquable recueil le *Franc-Maçon*, au lieu de nuire à cette institution, l'ont, au contraire, rehaussée dans l'estime des intelligences supérieures et des Cœurs brûlants d'amour et de patriotisme. Quatre raisons, selon nous, déterminent aujourd'hui les hommes à se faire affilier à la franc-maçonnerie. Les artisans, les marchands, les avocats, les médecins se font recevoir pour étendre le cercle de leurs relations et augmenter leurs bénéfices ; les hommes de plaisirs y sont attirés par la perspective des banquets ; les esprits avides d'inconnu espèrent y trouver une lumière qui éclairera les mystérieux ressorts de Dieu, de l'homme et de la nature : enfin, la franc-maçonnerie plaît au cœur noble et généreux, en ce que le franc-maçon est citoyen de l'univers, et qu'il n'existe sous le soleil aucune terre où il ne soit certain de rencontrer un cœur de frère qui accueillera avec bonheur celui dont les mains font les signes, dont les lèvres disent les mots mystérieux de la grande famille des initiés. En maçonnerie, il n'y a plus de préjugés religieux, d'inimitiés politiques, de distinctions imaginaires de rang. La voûte du temple maçonnique est comme celle du firmament, qui recouvre avec un même amour le pauvre, le riche, l'ignorant et le savant.

Nous allons étudier sérieusement et philosophiquement la maçonnerie, dans ce livre que nous destinons à toutes les nations unies par la lumière maçonnique. Membre de la loge *des Cœurs unis*, ami de Danglebert et de Duplanty, initié par tradition à tous les mystères de la haute philosophie maçonnique, homme de conviction, c'est avec un immense bonheur que nous jetons aux quatre vents du ciel les semences de la tradition maçonnique : car le vrai franc-maçon, pour nous, est un homme dont l'œil transperce tous les voiles qui se dressent entre la vérité et la vue du vulgaire, et qui porte en sa poitrine un cœur de Christ pour tous les hommes. Bien différent de cet empereur romain qui désirait que l'humanité n'eût qu'une seul tête pour l'abattre d'un seul coup, le franc-maçon désire aussi qu'elle n'ait qu'un corps et qu'une tête, mais c'est pour fondre amoureusement son être au sien, unir ses lèvres aux siennes par un baiser de feu, afin de ne faire avec elle qu'un cœur et qu'une âme vivant de la même vie, aspirant le même souffle et aimant le même Dieu.

Examinons ce qui se passe dans les initiations modernes à l'arrivée du profane. Il est conduit dans une chambre tapissée de noir où sont dessinés des emblèmes funéraires et suspendus des squelettes. On lit sur les murailles des inscriptions ainsi conçues :

Si une vaine curiosité t'a conduit ici, va-t'en !
Si tu crains d'être éclairé sur tes défauts, tu n'as que faire ici !
Si tu es assez hypocrite pour dissimuler, tremble, on te pénétrera !
Si tu tiens aux distinctions terrestres, sors, on n'en connaît pas ici !
Si ton âme tremble, arrête, ne va pas plus loin !

Cette chambre, qui est nommée cabinet des réflexions, est l'image du sépulcre où tout homme doit se dépouiller de son corps matériel de sa chair souillée par le péché originel, afin de renaître dès ici-bas à une vie nouvelle. Cette renaissance, comme nous le verrons dans la suite, s'opère par l'eau et le feu de l'Esprit, et se consommera par la vertu régénératrice du sang du Christ. Pendant les heures que le profane récipiendaire y passe, il doit rédiger son testament et répondre par écrit à ces trois questions : Quels sont les devoirs de l'homme envers Dieu, envers ses semblables, envers lui-même ? Le moment étant venu de recevoir le profane, le frère terrible se rend auprès de lui dans le cabinet des réflexions, prend à la pointe de son épée son testament et ses réponses, et les apporte au Vénérable, qui en donne connaissance à la Loge ; s'il ne s'y trouve aucune proposition contraire à la franc-maçonnerie, le frère terrible retourne près du candidat, lui bande les yeux et lui ôte les objets de métal qu'il peut avoir sur lui ; il lui découvre le sein et le bras gauche, lui passe une corde autour du cou et l'amène, en coupable repentant, à la porte du temple ;

il le fait frapper trois fois la porte du temple, et quand il a déclaré son non, son âge, sa profession, on l'introduit. Un frère lui met une épée sur le cœur ; alors le Vénérable lui explique que l'épée de la maçonnerie, qu'il sent en ce moment sur sa poitrine, le défendra conte ses ennemis s'il est fidèle et dévoué à la vérité maçonnique, mais le transpercera s'il devient jamais parjure et traître ; il ajoute que le bandeau noir qui voile sa vue est l'image de l'état d'aveuglement où est plongé tout homme, jusqu'au jour où, aux clartés de l'initiation, les yeux de l'âme s'ouvrent à la lumière et contemplent dans le ravissement et l'extase Dieu régnant en son éternité.

Les réceptions varient suivant les individus qui se présentent à l'initiation : il serait parfaitement ridicule d'adresser les mêmes questions à un ouvrier qu'à un homme de science ; le cabinet des réflexions, où le profane récipiendaire est enfermé en face d'un crâne de mort, est un souvenir de ces longs temps de jeûne, de mortification et de recueillement imposés dans les anciennes initiations à l'homme qui sollicitait le précieux bienfait de la lumière ; les épreuves intellectuelles, morales et physiques sont encore une image excessivement incolore des épreuves rigoureuses par lesquelles dans l'Antiquité on s'assurait de l'intelligence, de la moralité et du courage des aspirants. Les épreuves intellectuelles et morales consistent dans des questions proportionnées à l'instruction des profanes récipiendaires, et au rang qu'ils occupent dans le monde ; quant aux épreuves physiques, elles consistent en trois voyages. Dans le premier, il marche sur des planchers mobiles posés sur des roulettes hérissées d'aspérités, qui se dérobent sous ses pas ; il gravit d'autres planchers inclinés à bascule, qui tout à coup fléchissent sous lui et semblent l'entraîner dans un profond abîme ; il monte ensuite les innombrables degrés d'une échelle sans fin, et lorsqu'il croit être parvenu à une élévation considérable, et qu'il lui est enjoint de s'en précipiter, il saute.... tombe à trois pieds au-dessous de lui : pendant ce temps-là, des machines simulent le roulement du tonnerre et les éclats de la foudre ; enfin un bruit d'armes, des cris de rage et des gémissements de douleurs font croire à l'aspirant qu'il est au milieu d'une tuerie. Le voyage terminé, le Vénérable prie le profane de lui en expliquer le sens ; celui-ci doit répondre que ce voyage est l'image de la vie, qui n'est qu'une course pénible au milieu d'hommes qui se heurtent, se poussent, s'entre-tuent, afin de posséder les biens de ce monde. Dans le second voyage il n'entend que cliquetis d'épées : le Vénérable lui demande d'en expliquer le sens ; il doit répondre que plus on avance dans le chemin de la sagesse, plus on se sent délivrés des soucis et des peines de la vie, et on entend déjà dans le lointain le bruit du conflit des intérêts terrestres. Enfin, le troisième voyage, qui est très facile, apprend à l'homme que le chemin de la perfection est aussi, ici bas, celui du bonheur.

Chacun de ces trois voyages contient une purification : dans le premier, quand le plancher se dérobe sous l'aspirant, il subit la purification par l'air ; dans le second, le frère terrible plonge son bras dans l'eau ; enfin dans le troisième, le frère-servant l'enveloppe de flammes dont il sent la tiède et pénétrante chaleur qui lèche comme des langues de feu sa chevelure, ses oreilles et ses yeux. Dans l'antique Orient, l'aspirant était purifié par les trois éléments seulement il était premièrement purifié par le feu, par l'eau et par l'air ; car dans leur haute intuition, ils comprenaient que, pour arriver à la liberté des enfants de Dieu, il faut que l'âme soit embrasée de la flamme de l'amour divin pour se dépouiller des scories impures du péché dans l'eau de la régénération et voler à travers les airs jusqu'à Dieu. Les trois voyages achevés, on fait prêter serment à l'aspirant, on simule une saignée en souvenance du sang des aspirants d'Isis qui jaillissait sous les verges des Euménides, on lui fait faire l'aveu public de ses crimes en commémoration de la confession de leur faute que l'on exigeait des aspirants dans les pyramides d'Égypte et dans les catacombes de Rome. Dans l'initiation an grade d'apprenti, le moment le plus solennel est celui où on lui donne la lumière ; quand le serment est prononcé le récipiendaire est conduit entre les deux colonnes ; tous les frères l'entourent et dirigent vers lui des glaives, de manière à ce qu'il soit comme un centre d'où jailliront des rayons. Le Maître des cérémonies se place derrière lui, dénoue le bandeau qui lui couvre les yeux et attend que le Vénérable lui donne le signal de le faire tomber. « Que la lumière soit ! » dit le Vénérable, puis il frappe trois coups de maillet sur la table ; au troisième, le maître des cérémonies arrache le bandeau du récipiendaire : au même instant le frère-servant embouche la lampe à lycopode, et soufflant fortement, il produit une vive clarté devant les regards éblouis du frère, qu'illumine en ce moment pour la première fois la lumière maçonnique : cette lumière est une image frappante de la lumière de Dieu, souffle enflammé et divin qui vient vivifier et éclairer l'âme de l'homme qui sous le maillet de la mortification a broyé sa raison, ses appétits et la concupiscence de sa chair. Le verbe *inspirer* (formé du mot *spirare*, souffler l'esprit, *in*, dans) est le résumé de cette cérémonie qui décompose le phénomène de l'inspiration, pour rendre sensible à tous les yeux la visite de l'Esprit saint dans les âmes. Les savants et religieux magnétiseurs savent que *magnétiser*, c'est émettre l'Esprit saint, dont, suivant saint Paul, nos membres sont le temple, en l'âme préparée, de la somnambule, afin d'en ouvrir les yeux à vue infinie sur le domaine du temps et de l'espace.

Nous avons vu que le premier grade de la franc-maçonnerie moderne symbolisait l'inspiration de l'âme par le souffle sacré de la lumière incréée de Dieu ; mais de même que la raison est mère de l'égoïsme, l'inspiration est mère de la fraternité, car la lumière qui éclaire l'intelligence est aussi le feu sacré qui enflamme d'amour les cœurs des hommes. Il y a trois états dans la vie des peuples : l'état sauvage, où les hommes se sauvent les uns des autres ; l'état barbare, où ils s'entre-tuent ; et l'état de civilisation, où ils s'aiment et s'unissent. Le second grade, qui se nomme grade de compagnon, est pour ainsi dire le grade de la fraternité. L'harmonie des globes célestes, qui roulent leur course majestueuse au-dessus de nos têtes, est due à la vertu attractive de la lumière sidérale ; l'harmonie des sociétés est due à la vertu attractive de la lumière, grâce divine qui unit les hommes dans un même amour : aussi, l'essence charmeresse de la lumière, inspirée au grade d'apprenti, fait de chaque nouvel initié un astre étincelant qui désormais, doué d'attraction, éclairera les intelligences et attirera tous les cœurs à lui, et dans sa course sur la terre ne heurtera coupablement personne : ce grade n'étant absolument que le corollaire du précédent comme la chaleur est la propriété de la lumière, il se communique habituellement sans cérémonies. Ce qui a valu à la franc-maçonnerie de terribles persécutions de la part, non des ecclésiastiques à l'âme fraternelle comme le père Lacordaire, mais des tartufes, c'est l'esprit de fraternité qui l'anime. Jadis l'Inquisition brûlait les cabalistes, parce qu'elle avait la prétention de monopoliser à elle seule l'esprit de prophétie. Aujourd'hui les successeurs ténébreux de l'Inquisition brûleraient volontiers les francs-maçons, car ils ont la prétention de monopoliser à eux seuls l'esprit de charité : et cependant l'homme qui est à la fois chrétien et franc-maçon est tout simplement un homme qui aime deux fois l'humanité souffrante. Les banquets que les francs-maçons se donnent en commémoration des agapes, ces festins d'amour des chrétiens primitifs, montrent, assis à la même table sans distinction de rang, les fils de la grande famille des initiés, mangeant le même pain, buvant le môme vin, et n'ayant qu'un même cœur, qu'un même sang et un même père.

Arrivé au grade de maître, la décoration du temple est complètement changée : la tenture est noire, des crânes ossifiés, des squelettes ; des sabliers, des os en sautoir y sont brodés en blanc ; la loge n'est éclairée que par la lueur sinistre d'un cierge de cire jaune enfermé dans une tête de mort, lanterne lugubre qui répand une lumière livide par les ouvertures des yeux. Au milieu de la loge est un matelas recouvert d'un drap noir ; à la tête de ce lit funéraire on place une équerre, au pied un compas ouvert, au-dessus une branche d'acacia. Le candidat est introduit en marchant à reculons ; on le conduit ainsi au bas du simulacre de tombe placé au milieu de la loge. Le dernier maître reçu y est étendu, couvert du drap mortuaire des pieds à la ceinture, et tenant à la main une branche d'acacia : après y être resté quelque temps, il se retire furtivement ; alors le Vénérable, descendant de son siège, arrête l'aspirant, auquel il raconte en ces termes la cause du deuil répandu sur tous les visages : Hiram Abi, célèbre architecte, avait été envoyé à Salomon par Hiram, roi de Tyr, pour diriger les travaux du temple ; les ouvriers se divisaient en trois classes : les apprentis, les compagnons, les maîtres. Trois apprentis résolurent d'obtenir de force les mots de passe et les signes de reconnaissance des maîtres, afin de se faire passer pour maîtres dans d'autres pays ; ces trois misérables, Jubélas, Jubélum et Jubélos, savaient qu'Hiram Abi allait tous les jours au temple, à midi, pour y faire sa prière ; ils l'épièrent et s'embusquèrent à chacune des portes : Jubélas à celle du midi, Jubélos à celle d'occident, Jubélum à celle d'orient : là, ils l'attendirent. Hiram dirigea ses pas vers la porte du midi, il y trouva Jubélas, qui lui demanda le mot de maître ; sur son refus, il lui asséna en travers de la gorge un coup violent d'une règle dont il était armé : chancelant il veut sortir par la porte de l'occident, mais il y trouve Jubélos, qui, ne pouvant obtenir le mot de maître, lui porta un coup furieux, qui ensanglanta sa poitrine, avec une équerre de fer : ébranlé, Hiram tenta de se sauver par la porte d'orient, mais il y trouva Jubélum, qui lui demanda à son tour le mot de passe, et sur son refus énergique il lui déchargea sur le front un si terrible coup de maillet qu'il l'étendit mort à ses pieds. Pendant ce récit, le récipiendaire est conduit au midi de la loge, où le second surveillant le frappe d'une règle ; à l'occident, où le premier, surveillant le frappe d'une équerre ; enfin, à l'orient, où le Vénérable le frappe de son maillet au front ; deux frères se placent à ses côtés, l'entraînent alors en arrière et le renversent sur le dos dans le simulacre de tombe qui se trouve en ce moment derrière lui ; on le couvre du drap mortuaire et l'on met près de lui la branche d'acacia. On continue le récit en ces termes : Les trois compagnons enterrèrent le corps ; mais Salomon, ne voyant plus Hiram Abi, ordonna à neuf maîtres d'aller à la recherche du célèbre architecte ; ils découvrirent le cadavre, et plantèrent dessus, pour le reconnaître, une branche d'acacia fraîchement coupée. Ici on met la branche d'acacia dans la main du récipiendaire ; le très respectable fait plusieurs fois le tour de la loge, il s'arrête devant le frère, lui ôte la branche d'acacia en disant : « La chair quitte les os, débarrassons-le de sa dépouille mortelle : » alors il soulève le drap mortuaire, découvre le récipiendaire, fait le signe et prononce le mot de maître ; puis, le prenant par la main, il l'aide à sortir du tombeau, et le conduit à l'orient, où, après qu'il a prononcé son serment, le Vénérable l'appelle et le fait asseoir à sa droite. Ce grade contient la destinée de l'homme sur la terre, qui recueille en son âme la lumière de Dieu ; et lorsque l'orgueil, la débauche et la gourmandise viennent le solliciter ou même lui commander de leur livrer la parole divine, verbe de Dieu, qui est la vraie nourriture des âmes des justes ; le feu sacré, qui est le signe de la sainteté sur la terre et devient l'auréole des élus dans le ciel, il faut les refuser, persuadé que mourir pour son devoir c'est pousser son âme vers les régions célestes, et se laisser frapper d'une mort mystique qui, en réalité, n'est qu'une renaissance. Le phénix renaît de ses cendres, Hiram sort glorieux de son tombeau, le Christ ressuscite le troisième jour, l'arbre frappé de mort pendant l'hiver reverdit et se ranime au printemps, le chrétien mis à mort pour sa foi revit, âme vivante, ange de lumière, et s'élève sur les ailes de feu de l'amour vers le séjour des béatitudes éternelles.

Nous voici arrivé aux hauts grades de la franc-maçonnerie. Ces hauts grades décomposent, par une analyse auguste, les différents procédés de rédemption. Le plus significatif de tous se nomme grade de Rose-Croix. C'est le front pâle, la main tremblante, le cœur palpitant, que nous allons tâcher de déchirer ce dernier voile qui cache aux hommes les procédés de la régénération divine. À ce grade, la loge est tendue en rouge, les frères sont vêtus de rouge ; sur les nappes de drap rouge qui, semblables à un océan de sang, teignent les murs, et des pieds à la tête habillent tous les frères assistants, on voit, brodés en or, des pélicans qui, de leurs becs, déchirent cruellement leurs flancs vivants, en arrachent les entrailles tièdes et sanglantes, et donnent leurs cœurs palpitants en pâture à leurs petits affamés ; la signification de ce grade est l'homme régénéré par le feu, et se renouvelant dans le sang. Ce grade est éminemment chrétien : beaucoup de francs-maçons l'ont repoussé comme une institution des jésuites. Mais quand on a atteint les hauteurs de la vérité où nous nous trouvons, ou ne doit plus voir dans les instituteurs de ce grade que des apôtres du Christ, apprenant aux hommes que depuis le dernier soupir de l'Homme-Dieu sur le Calvaire, ils sont les fils de l'Éternel ; car de même que le sang de noble ou de souverain, en coulant dans les veines, ennoblit et donne droit aux sceptres de la terre, le sang de Dieu divinise et donne droit à l'héritage des cieux : en sorte qu'il n'y a plus, ici-bas, qu'une race, qu'une famille, qu'un sang, qu'une génération, celle des frères du Christ.

Nous avons, en étudiant les mystères de Mithra, montré à tous les yeux les procédés occultes de la sanctification. Nous avons proclamé cette loi primordiale, qu'épurer l'essence vitale, c'est épurer l'homme entier. Nous avons constaté que les ministres des cultes et tous ceux qui étaient élus de la Divinité portaient en leurs membres une essence sacrée qu'ils répandaient sur la foule agenouillée, par certains signes mystérieux, faits avec foi. Ces signes se nomment *bénédiction* et prennent aussi le nom d'*aspersion*, quand ils répandent l'essence divine et spirituelle contenue dans l'eau comme symbole d'épurement ; on leur donne encore le nom d'*onction*, quand ils infiltrent l'essence divine, qui est l'Esprit-Saint contenu dans l'huile, comme symbole de lumière, de chaleur et de force. La maçonnerie en son grade de Rose-Croix, montre l'humanité buvant et mangeant la chair et le sang de Dieu, et devenant, en vertu de cette transsubstantiation sacrée, race divine. Les prêtres perses faisaient des mages, en épurant, par voie d'infiltration, l'essence qui devient la substance de l'homme. Les prêtres peuvent faire des chrétiens, en épurant, par l'infiltration de l'Esprit-Saint, l'essence qui sustentant l'homme, devient sa chair ; de plus, en mêlant le sang du Christ à cette essence, ils feront nécessairement des fils de Dieu, puissants en œuvres et en actions, devant lesquels se prosterneront les légions lumineuses des esprits qui habitent le monde de l'éternité ; car, la vie de leur cœur, la lumière de leurs yeux, en un mot la chair de leurs os, sera réellement la chair de celui devant la majesté duquel tout genou fléchit dans le Ciel, sur la terre et dans les enfers, notre maître, notre ami, notre frère, Jésus-Christ.

Toute la maçonnerie est contenue dans ce grade, qui renouvelle l'homme en Dieu, et par Dieu. Sans la lumière maçonnique, l'homme vit dans les ténèbres de l'aveuglement, entouré de précipices. La franc-maçonnerie n'est plus aujourd'hui qu'un musée ; mais nous ne croyons pas qu'il soit permis de se dire homme sérieux et d'avouer que l'on n'a pas pris la peine de le visiter. On nous trouvera exalté en faveur de cette institution ; mais nous acceptons avec bonheur ce titre, car notre devise est celle du soleil, *oriens ex alto*. Semblable à cet astre qui s'élance des profondeurs des mers pour venir éclairer le monde, nous élançant des lointaines profondeurs des âges, nous venons éclairer les ténébreux mystères des destinées humaines et réchauffer les cœurs glacés, au feu de l'amour qui roule en pourpre passionnée dans nos veines de jeune homme.

LA LUMIÈRE MAÇONNIQUE

CLEF DE LA PHRÉNOLOGIE DU MAGNÉTISME, DES SCIENCES OCCULTES

> L'esprit de vie qui éveille les instincts ut développe les penchants se porte de préférence sur les protubérances les plus saillantes du crâne.
> Le fluide magnétique a été de tous temps connu des initiés sous le nom d'esprit de lumière.
> Comme Jésus, nous ne sommes l'homme d'aucun parti politique, mais de l'humanité.

Nous avons ouvert des horizons nouveaux à l'intelligence en la forçant à prendre en main le fil d'Ariane de la tradition et à nous suivre dans le labyrinthe des mystères antiques afin d'arriver à Dieu. Maintenant, à l'aide de la lumière maçonnique, il nous reste à éclairer les plus mystérieux ressorts de l'organisme humain : aujourd'hui, les préjugés nationaux et religieux, ces antiques murs de glace qui se dressaient entre les cœurs des différents peuples, se fondent et s'écroulent de toutes parts. L'esprit de fraternité maçonnique est dans l'air qu'aspirent les poitrines ; l'étranger n'est plus un ennemi, il est un hôte. Le temps des mystères où, le front auréolé de la lumière de l'inspiration, les révélateurs conduisaient dans les bois de myrte les troupes des initiés, est passé. À la foi aveugle a succédé l'examen ; à l'examen succédera la lumière. Pour nous, notre mission dans le grand mouvement des idées est de continuer l'œuvre de tous les instituteurs du genre humain, en faisant connaître à tous les fils de l'humanité les arcanes de la nature, les lois immuables de leur essence et les vérités primordiales de l'ordre surnaturel.

Les parents transmettent, suivant Hermès Trismégistes, à leurs descendants, une substance matérielle égale en nature et semblable en forme à la leur ; la substance transmise peut être améliorée en son essence, ainsi que la configuration des organes matériels qui détermine les penchants, les inclinations et les instincts des êtres vivants ; car, tout être générateur et libre est essentiellement muable. En contemplant avec les yeux de l'âme, pour lesquels l'opacité du corps n'existe pas, l'action intérieure de la lumière génératrice sur les différentes protubérances du cerveau, dans le phénomène mystérieux de la pensée humaine, on arrive à ces deux remarques, bases de l'anthropologie sacrée : d'abord, qu'en dedans de nous existe une âme qui, au gré de sa volonté, excite les facultés, éveille les inclinations, suivant la protubérance où elle porte le feu générateur de la vie. La mythologie, pour rendre cette vérité visible à tous les yeux, l'a revoilée sous le symbole de Jupiter, régissant les dieux de l'Olympe et les faisant agir à l'aide de la foudre, sceptre de feu ; en sorte que, lorsque sa volonté est endormie, l'homme, comme l'animal, est régi par ses instincts, car ce feu vivant qui donne la vie, le mouvement et le *développement* aux différentes parties de l'organisme humain, toutes les fois qu'il est livré à lui-même, choisît de préférence les parties les plus saillantes du corps pour y résider. La science phrénologique, en vertu de cette dernière loi, après avoir divisé l'enveloppe extérieure du cerveau en autant de portions qu'il y a d'inclinations en l'homme, mesure le degré de saillie des différentes protubérances, et proclame comme facultés et instincts prédominants les fractions du crâne les plus matériellement développées, car ce développement annonce que la lumière qui éveille les inclinations résidant habituellement sur cette éminence de la configuration extérieure, vivifie et exerce les penchants qui y correspondent. D'après ce qui précède, il est évident que cette lumière génératrice, intelligemment dirigée par une éducation habile, donne au cerveau la structure, aux traits le relief, aux membres la forme qui font les hommes intelligents, nobles et beaux.

Nous avons posé en principe qu'au commencement du monde, le péché avait animalisé l'homme, en enveloppant l'âme d'organes finis et matériels pouvant le mettre en rapport avec les créations finies de la terre, mais trop bornés pour lui permettre d'être comme avant sa chute, en rapport direct avec son Dieu. De là, la lutte de l'initié contre chacun des quatre éléments de la nature soulevés contre l'homme déchu, la terre, dont il triomphe en pénétrant en son sein ; l'eau, en la traversant ; le feu, en y passant ; l'air, en y demeurant impassiblement suspendu : de là aussi le combat avec sa chair que, par le jeûne et la chasteté, il réduit en servitude ; enfin, la renaissance de son âme à la puissance, à la lumière, à la vie.

Lors de la découverte de l'Amérique, les sauvages Mexicains montrèrent aux yeux étonnés des Européens une initiation basée sur la mortification de la chair, que l'initié exténuait par les plus effroyables macérations, en s'efforçant de s'en dépouiller, comme jadis Hercule avait tenté de se délivrer de la tunique empoisonnée du centaure Nessus qui envenimait jusqu'à la moelle des os ; puis, la régénération de l'âme en Dieu, et par Dieu. L'initiation chez les sauvages est facile à comprendre ; car, toutes les races ayant été frappées de matérialisation en Adam, toutes ont senti de tous les temps la nécessité de rentrer en relation avec la Divinité, et de conclure le pacte d'alliance qui, sous le nom de *religion*, relie la créature déchue à son Créateur. Les rois, les devins et les prêtres, chez les sauvages, étaient toujours pris parmi les initiés, car ils comprenaient que les yeux de l'âme étaient ouverts en ces hommes par le fait de leur initiation, et que le Dieu résidant en eux devait prophétiser par leurs lèvres. En démontrant dans toutes les initiations que la mort factice du corps par la mortification était suivie de la renaissance de l'âme, nous avons rendu compréhensible comment le sommeil factice produit par le magnétisme occasionne le réveil de l'âme. Nous n'avons jamais mis en doute les miracles de prophétie opérés par les initiés ; car, pour une âme vivante, il n'y a plus d'obstacles de temps et d'espace. Par une raison semblable, nous croyons aux prodiges de la vision somnambulique ; seulement, il nous est impossible, poussant plus loin l'analogie, d'admettre la *lucidité comme constante*, car, chez le sujet, il n'y a qu'une âme galvanisée, tandis que chez l'initié, l'âme est vivante de la vie de Dieu. Il est néanmoins certain que Dupuis, s'il avait connu le somnambulisme, n'aurait pas confondu le symbole avec l'objet symbolisé, et n'aurait pas avec cette parfaite ignorance de l'esprit des initiations, fait de la religion catholique une légende astronomique, tirée des mystères de l'Orient. Le nombre des partisans de cette opinion étant immense en franc-maçonnerie, nous avons cru utile de la réfuter. Comme Joseph Balsamo, type maçonnique immortalisé par Dumas et Maquet, nous allons démontrer la réalité des dogmes religieux par les expériences magnétiques, de même qu'en physique et en chimie on prouve par les expériences la vérité des principes qu'on émet. En rendant à l'intelligence le sentiment du surnaturel, nous rendrons au cœur l'amour idéal qui divinise à un tel degré la femme, que l'homme s'en approche avec la pieuse vénération des âmes ferventes pour les blanches nappes des saints autels ; car, derrière sa chair d'ange, il voit resplendir un lumineux reflet de l'éternelle beauté de Dieu.

Nous avons décrit les mœurs étranges, étudié les procédés magiques des somnambules et des magnétiseurs, dans un ouvrage intitulé le *Monde occulte*. Nous ne reviendrons pas sur ce sujet aujourd'hui ; nous n'avons qu'un seul but, éclairer les mystères du monde surnaturel à l'aide du flambeau de la Franc-Maçonnerie. Nous allons emprunter nos exemples aux plus connues d'entre les somnambules. Depuis environ deux ans, chaque jour sur les murs de Paris on lit affichées les séances du magnétiseur Lassaigne et de la somnambule Prudence : tout ce qui existe à Paris d'esprit curieux de l'inconnu, ami du merveilleux, a assisté à ces expériences dans la salle Bonne-Nouvelle ou dans les salons du passage Jouffroy.

Sous l'influence mystérieuse de Lassaigne, l'une des plus riches et des plus puissantes organisations magnétiques du siècle, on voit peu à peu le sommeil envahir la somnambule, faire passer l'insensibilité de la mort en ses membres et la pâleur du trépas blêmir ses traits ; puis, tout d'un coup poussant un profond soupir, elle semble s'éveiller à une vie nouvelle, sa voix est devenue plus intérieure, ses yeux fermés ne sont plus limités par les obstacles matériels, ses oreilles saisissent les sons les plus éloignés : âme veillant dans un corps endormi, être immatériel, elle converse avec son magnétiseur sans le secours grossier d'une parole articulée et matérielle. Pour nous, quand nous voyons Lassaigne, sans remuer les lèvres, au gré de sa volonté, pouvoir transmettre à sa somnambule ses pensées, l'impressionner de ses sensations, lui faire reproduire les plus beaux types de la statuaire, mettre en son regard la lumière de l'inspiration, faire rayonner tout son être des clartés célestes de l'éternité, nous pensons à,

Moïse entendant dans l'extase et le ravissement Dieu parler à son âme, non en frappant l'air d'une voix matérielle, mais en l'éclairant des feux éblouissants de sa divine vérité ! ! !

Lassaigne a popularisé par le succès presque constant de ses expériences publiques la science magnétique en Europe ; de plus, dans un livre fort remarquable qu'il a composé sous le titre de *Mémoires d'un Magnétiseur,* il y donne un procès-verbal de l'Académie de Milan, contenant le récit d'expériences pleinement convaincantes, exécutées en présence de ses membres par Lassaigne et sa somnambule, et constatant l'existence de la lucidité magnétique. La réussite de ce magnétiseur a sa source, pour nous qui l'avons longuement étudié, non-seulement dans la prédisposition organique de Prudence aux expériences de somnambulisme, mais encore dans l'impitoyable fermeté de son inexorable volonté qui de sa main de fer broie par une puissante contrition la partie matérielle de son sujet. Foudroyée selon le corps par les rayons invisibles de cette lumière toute-puissante, sa somnambule se sent renaître selon son âme, qui, ranimée en ce moment par une force mystérieuse, profite de l'anéantissement de ses organes physiques pour se dégager des liens terrestres qui la captivent, et commencer dès ici-bas à vivre de la vie surnaturelle des anges, des esprits et des âmes ressuscitées ! ! !

À côté de cet expérimentateur, la justice veut que nous placions un autre magnétiseur praticien, Marcillet, homme à l'âme loyale et généreuse, qui s'est dévoué avec un enthousiasme audacieux à la propagation du magnétisme avec le somnambule Alexis, sujet d'une lucidité prodigieuse, dont le nom élogieusement popularisé par la presse a atteint un haut degré de célébrité même parmi les incrédules. Marcillet a eu le talent de rassembler dans ses salons l'élite du monde artistique et littéraire, et par la franchise de son caractère, la bienveillante cordialité de ses manières et le succès de ses expériences, il est parvenu à avoir pour lui les écrivains les plus élégants de la littérature moderne, qui, non contents de tracer le récit de ses expériences, ont soutenu qu'elles n'étaient le produit ni du hasard ni de la prestidigitation.

À peine Marcillet a-t-il dirigé sur Alexis son œil chargé de sommeil et rayonnant d'une puissance mystérieuse, que soudain ce somnambule pâlit. Une force invisible domine, engourdit ses sens ; alors l'esprit d'inspiration manifeste sa présence par quelques tressaillements, une légère tension nerveuse qui convulse ses bras et retourne sa paupière en dedans. En cet état, ce somnambule joue aux cartes les yeux tamponnés de ouates et voilés d'un bandeau, lit dans des livres fermés et non coupés, à la page qu'on lui indique ; puis, à l'aide d'une lettre ou d'une mèche de cheveux, entre en rapport avec un individu d'une extrémité du monde à l'autre, le voit, le décrit, l'analyse avec une effrayante précision.

Dans les sanctuaires maçonniques, nous avons vu le bandeau noir qui couvrait les yeux du profane récipiendaire tomber quand on insufflait en lui la lumière. À mesure que le fluide envahit le somnambule Alexis, les organes bornés des sens qui, comme un bandeau de mort, voilent sa vue, tombent, et son âme ranimée par cet esprit de lumière et de vie saisit d'un seul regard le temps et l'espace : aussi les natures généreuses, les hommes qui ont en eux le feu sacré, augmentent la lucidité intuitive de cette seconde vue ; tandis que les natures sombres et égoïste l'éteignent : de là résulte la fugace variabilité de ces phénomènes de vision. Enfin, notre opinion sur ce somnambule se résume en ces mots : Il n'y a pas toujours constance dans sa lucidité, mais il y a toujours conscience.

À la porte de Londres, dans une vaste plaine située sur une des rives de la Tamise, en face de Chelséa, errent çà et là, dressées sur l'herbe, des tentes basses et étroites, espèces de cavernes en toile noire et déchirée par l'intempérie du climat où vivent maudits les débris errants des anciennes races de l'Orient. Ces hordes en haillons, qui n'ont pour lit que des fragments de tapis, pour meuble qu'une botte en bois et une théière en métal argenté, offrent toutes les variétés de la misère ; étrangères aux mouvements transformateurs de la civilisation, elles ont conservé le nom d'Égyptiennes, et quelques-unes, par le pur ovale de leur visage, la chaleur des tons, de leur teint cuivré, la régulière noblesse de leurs traits, et par-dessus tout l'inspiration dont les feux contenus et intérieurs brûlent en leur regard d'une flamme ardente et profonde, rappellent les types puissants en force et en beauté des peuples primitifs aujourd'hui disparus sous les eaux fangeuses d'une civilisation industrielle, qui, abâtardissant tout ce qu'elle touche, a fait du sanglier un porc immonde et de l'homme un bourgeois pansu.

Un jour, accompagné de Philoxène Boyer, jeune poète fabuleusement érudit dans la haute littérature de tous les peuples tant anciens que modernes, nous sommes allé voir ces femmes dont le métier est de prophétiser l'avenir, et qui jouissent en réalité d'une intuition surhumaine qui leur permet de déchiffrer les mystérieux hiéroglyphes de la destinée humaine dont le Tout-Puissant a tracé les lignes dans la paume de la main ; car si la forme des traits et la configuration extérieure du crâne portent en caractères saillants les traits du passé, la main contient, comme nous le démontrerons dans notre prochain ouvrage, les racines de la destinée future. Les Égyptiennes tracent en la paume de la main des consultants une croix avec la pièce d'argent que ceux-ci leur remettent, et ce simple signe dévoile en vertu de quelle loi il leur est permis de connaître l'avenir. Cette croix, c'est dans l'antiquité le sceptre de Thot, fils d'Hermès, qui prit pour symbole de puissance un maillet, pour montrer que la véritable souveraineté consistait pour l'homme à broyer sous le maillet de la mortification les passions de la chair. C'est dans le christianisme l'instrument de la rédemption, auquel Jésus-Christ a voulu que son corps fût cloué par les pieds et les mains, afin que l'humanité eût sans cesse sous les yeux ce symbole sanglant qui, arrachant aux mystères des initiations le procédé de la régénération de l'homme déchu, révélât au monde entier qu'il fallait être crucifié selon la chair comme Jésus-Christ pour pouvoir comme lui ressusciter glorieusement, âme vivante et libre. Un prophète est pour ainsi dire une âme ressuscitée dès ici-bas, qui, comme chez ces Égyptiennes, puise l'infinie puissance de sa vie surnaturelle dans la faim qui mortifie la chair, et dans la misère inséparable d'une existence aventureuse, qui use le corps, dessèche les membres, en un mot anéantit les parties matérielles.

Durant la vie de l'Homme-Dieu sur la terre, ces hordes vagabondes, proscrites et affamées, étaient les bien-aimées de son cœur, car il savait que l'Esprit Saint donne la lumière de son inspiration aux petits et aux plus humbles d'entre les hommes, tandis qu'il la refuse aux orgueilleux de leur science et de leur richesse, désirant prouver à tous que même dans les êtres les plus pauvres et les plus souffrants il y a une âme, image de l'Éternel, qui, animée d'une vie surnaturelle, voit l'avenir.

Les prophétesses modernes se forment presque toujours à l'école du malheur, en sorte que lorsque l'on réfléchit que la souffrance est l'ange libérateur qui ouvre les yeux de l'âme au monde enchanté du surnaturel, on comprend la profonde vérité de cette parole du Christ : *Bienheureux ceux qui souffrent*. Nous avons remarqué que les somnambules lucides et les devineresses avaient, dans leur vie ou dans celle de leurs ancêtres, subi des épreuves terribles qui rachètent l'âme de l'esclavage de la chair, l'homme intérieur, l'être primitif, adamique, de la domination du péché originel.

Les familles qui produisent les prophètes, sont celles qui ont traversé les grandes eaux de l'adversité, qui ont végété dans les vallées souterraines de l'infortune, qui ont été rudement secouées par l'ouragan de la passion, et dont l'âme a été éclairée par les feux ardents d'un amour inextinguible. Un jour je demandais à un somnambule endormi, Victor Dumez[2], à quelle cause il attribuait sa clairvoyante lucidité ; il me répondit ce mot remarquable : « À la souffrance. » Les plus renommés d'entre les somnambules ont eu de plus l'âme évoquée par les pratiques pieuses d'une vie ascétique : on reconnaît visiblement l'action des exercices de piété dans la lucidité de Valérie, somnambule du docteur Joussen, et dans celle de la voyante qui jouit, sous l'intelligente magnétisation de M. Bellot, des facultés surnaturelles de l'extase. Le régime du couvent a toujours eu pour résultat précieux de communiquer aux natures enthousiastes, impressionnables, ferventes, aux organisations féminines, le souffle brûlant de

---

[2] Nous engageons nos lecteurs à relire, dans le *Monde occulte*, les pages que nous avons écrites sur ce somnambule-médecin.

l'esprit inspirateur qui s'emparait du roi David et agitait tout son être de ses transports divins, quand il dansait devant l'arche et prophétisait l'avènement du Christ aux sons de sa harpe.

Le mode le plus répandu pour prédire l'avenir est la cartomancie : cette science a été de tout temps en grand crédit chez le peuple ; mais au commencement de ce siècle, elle reçut un nouveau lustre des prédictions d'une célèbre cartomancienne, Mlle Lenormand, qui prophétisa à l'empereur Napoléon et aux principaux personnages de sa cour les diverses circonstances et les péripéties variées de leur existence future, qui se sont réalisées avec une si effrayante précision de détails, que pour nous cette femme semble avoir été véritablement une somnambule éveillée. La cartomancie, comme le magnétisme, est honteusement exploitée par le charlatanisme ; grand nombre de tireuses de cartes, n'étant pas prédestinées par leur organisme à prédire l'avenir, se contentent de débiter à leurs consultants un *boniment*, espèce d'histoire vague, indécise, qui convient indistinctement à tout le monde ; cependant, il existe des cartomanciennes d'une clairvoyante lucidité ; les caractères de l'inspiration sont manifestés chez elles, comme chez les somnambules, par le désordre physiologique qu'ils produisent. La cartomancienne fait couper habituellement à son consultant trois jeux de cartes, le grand Eteilla, le livre de Thot, le jeu de piquet. On fait tirer dans chacun un nombre de cartes déterminé ; puis, tandis qu'elle les range en demi-cercle devant elle, elle échange quelques paroles destinées à établir un lien sympathique entre elle et l'homme qui la consulte. À peine a-t-elle jeté sa vue sur les cartes, arc-en-ciel aux couleurs flamboyantes, et armé sa main d'une baguette noire, que sa respiration halète, oppressée, que son regard s'allume et pénètre jusque dans les plus intimes replis de la conscience du consultant ; puis, concentrant son œil avec une singulière fixité sur les cartes, elle en déchiffre le sens : alors, d'une voix vibrante et caverneuse elle détaille le passé, esquisse le présent, prophétise l'avenir à mesure qu'un fluide subtil et lumineux, s'échappant de chacune de ses cartes, vient éveiller en elle l'intelligence et donner à son langage une surprenante magnificence d'images et à son âme des ailes pour franchir les distances de temps et d'espace. La consultation terminée, elle revient péniblement à la vie réelle ; on dirait qu'elle sort d'un songe : en effet, c'est une sorte de somnambulisme que l'état où vous plongent les cartes.

Toutes les cartomanciennes comme Mme Talbert, l'une des illustrations des sciences occultes et divinatoires, Mme Brière, qui n'a besoin que de quelques conseils pour être une très habile cartomancienne, sont aussi somnambules lucides ; car c'est souvent dans le sommeil du corps que Dieu met le réveil de l'âme.

Nous avons remarqué, chez Mme Lemulois, somnambule d'une lucidité vraiment surnaturelle, qu'elle voyait avec le sommet de la tête ; cette remarque fut pour nous un trait de lumière qui nous expliqua l'auréole dont les peintres illuminent la tête des saints et des prophètes, et qu'on retrouve figurée par un cercle d'or dans les images coloriées des saints et des saintes que la piété prend plaisir à glisser entre les feuillets d'un paroissien.

À côté des exploiteurs du magnétisme, il y a les amateurs et les crédules, bonnes gens dont le cerveau, déjà faible et débile, a été définitivement dérangé par les prodiges vrais ou simulés dont ils ont eu le malheur d'être les témoins. Nous nous contenterions de rire des absurdes rêveries de ces esprits déviés, si la plupart, sur la foi d'une somnambule qui les mystifie, ne promulguaient pas avec enthousiasme les âneries les plus lourdement idiotes, les opinions les plus ébouriffantes, et ne faisaient rejaillir sur le magnétisme en général le ridicule qui est le caractère distinctif de leur nature et le sentiment particulier qu'ils inspirent à tout esprit sérieux. L'un des rêves les plus communs aux magnétiseurs passionnés, c'est de répandre le magnétisme dans tout l'univers. Or, si le monde magnétique ne se composait que d'hommes comme le comte d'Ourches, qui réunit la noblesse du sang à l'élévation de l'âme ; d'hommes comme le docteur Duplanty, qui joint à la science profonde du médecin l'admirable désintéressement de l'apôtre, nous verrions avec bonheur sa propagation ; mais le fluide magnétique étant l'essence même des magnétiseurs, nous ne pouvons admettre que la pratique du magnétisme soit exercée indifféremment par tous les hommes ; car un magnétiseur malsain fait rayonner sur ses sujets les effluves viciées de la substance corruptrice ; il infiltre en leur sang la maladie au lieu de la santé, le principe morbide de la mort au lieu du principe régénérateur de la vie ; en un mot, de ses mains étendues descend la malédiction au lieu de la bénédiction. C'est par ces raisons, en vertu de ces principes d'un ordre supérieur et caché que nous voyons dans tous les temps le droit et la sublime mission d'imposer sur les fronts une main chargée de grâce, de lumière et de bénédiction, confiés à des êtres privilégiés, aux prêtres ; c'est pour faire rayonner une essence divine que nous avons vu ces hommes se retirer du monde, s'enfermer dans un recueillement intérieur, se sanctifier dans le jeûne, la prière, la contemplation, conserver, par une héroïque chasteté, en eux la grâce, cette émanation de Dieu qui divinise, afin de communiquer leur essence purifiée aux générations, et d'élever un sanctuaire au Seigneur dans leur âme amoureuse de son ineffable présence.

Ces lois augustes que nous divulguons semblent nouvelles, et cependant elles sont anciennes comme le monde. Toutes les fois que nous en avons parlé, les journaux nous ont traité d'illuminé. Eh bien, nous l'acceptons ce titre, car il renouvelle une des grandes joies de notre vie, il rappelle à notre cœur ces lignes que le père Lacordaire nous écrivait au sujet de notre *Monde occulte*. « Je ne doute pas que vous n'y ayez semé bien des vérités utiles aux âmes qui ne sont pas encore *éclairées comme la vôtre de la lumière de Dieu*. »

Nous nous sommes occupé, dans un livre spécial, du *perfectionnement physique de la race humaine*, et nous pensons que l'esprit de lumière maçonnique n'a pas pour mission unique d'éclairer l'intelligence, mais d'enflammer le sang de ses effluves sublimes, et de le faire couler avec héroïsme dans les veines, pour le transformer en la flamme inextinguible, immortelle, universelle de l'amour. Il faut que la race humaine se conserve, il faut qu'elle se perfectionne : aussi, quand le jeune homme commence à sentir un feu intérieur embraser ses sens, que ses cheveux ondoient au souffle printanier de sa jeunesse, que ses yeux brillent de la douce flamme de l'amour, il est sage de vouloir contenir en lui cette force d'expansion qui le fait noble, beau, généreux ; mais il serait stupide de vouloir l'éteindre. Si la religion a mis des obstacles à l'effusion affective de la passion, c'est qu'elle veut l'accroître et qu'elle comprend que toute grandeur ici-bas a sa source dans ce principe sacré de la vie. Les belles races que nous voyons glorieusement traverser l'histoire ont été formées de la substance humaine la plus épurée.

C'est la lumière maçonnique qui donne aux mains cette tiède effusion de tendresse qui fait sentir les pures délices de l'amitié ; c'est elle qui, comme un feu caché sous les lignes d'un livre, fait communier le lecteur à l'idée de l'auteur, vibrer les fibres les plus intimes de son cœur à l'unisson de celles de celui qui a le souverain bonheur de créer des frères de son intelligence, qui aiment sans l'avoir jamais vu l'homme qui, épanchant amoureusement en eux la vie de son âme, les initie à ses espérances et les enflamme de son enthousiasme pour les éblouissantes réalités en la vie future !

Nous voici arrivés au sommet d'une montagne escarpée. Nous remercions sincèrement les lecteurs qui ont eu le courage de nous accompagner à une si prodigieuse hauteur au-dessus des préoccupations matérielles du jour ; si nous avons entrepris ce livre qui manque de l'intérêt dramatique du roman et dont la lecture est abstraite, c'est que nous avons puisé une force surhumaine dans la voix inspirée de la presse, de la littérature et des artistes[3], qui, lors de l'apparition de nos ouvrages, nous ont crié : En avant ! dans celle de nos nombreux lecteurs altérés d'amour, d'enthousiasme et de croyance, qui de tous les pays nous ont écrit : Courage ! Enfin, c'est que nous savions que nos écrits étaient surtout lus par les femmes dont les natures délicates rudement froissées par les réalités grossières d'un siècle froid et positif, y cherchaient des reflets du monde surnaturel vers lequel les yeux ardents de désirs inassouvis, les joues luisantes de fièvre, les membres brisés par les fatigues du pèlerinage de la vie, elles aspirent comme des biches haletantes et altérées qui désirent tremper leurs lèvres brûlantes dans une source d'eau vive. Les êtres faibles et souffrants, tourmentés de la soif terrible de l'infini, espèrent ardemment en cette renaissance de l'âme à la vie, à la puissance et à la béatitude de l'amour que nous

---

[3] Théodore de Banville, Alexandre Dumas, Esquires, Arthur de la Guéronnière, Hippolyte Lucas, Félix Mernand, de Pene, E. Sue, de Prémaray, Arsène Houssaye, etc., nous ont consacré des articles dont nous leur serons éternellement reconnaissant.

avons vue s'opérer sous l'action vivifiante de la lumière de la grâce, preuve irrécusable de notre résurrection future. C'est vers ces natures les plus faibles, les plus délicates, les plus frêles du monde social que nous nous sentons invinciblement attiré ; c'est à elles que nous adressant en finissant, nous donnons un solennel rendez-vous au Ciel patrie des pauvres qui ont beaucoup souffert et des femmes qui ont beaucoup aimé !

FIN

TABLE DES MATIÈRES

Nécessité de dévoiler les Vérités cachées de l'Initiation. 4

Initiation aux Mystères d'Isis. 14

Initiation aux Mystères magiques de Mithra. 25

Initiation aux Mystères des Chrétiens primitifs. 36

Initiation aux Mystères des Chevaliers du Temple. 47

Initiation aux Mystères révolutionnaires des Carbonari. 59

Initiation aux Mystères des Francs-Maçons. 68

De la Lumière maçonnique, de la Phrénologie et du Magnétisme 79